ANWB BASIS

Tuinvogels

121 SOORTEN
EENVOUDIG
HERKENNEN

KOSMOS

Kosmos Uitgevers, Utrecht/Antwerpen

Snel naar de juiste soort met de **KLEURCODE**

MET DE KLEURCODE vind je gemakkelijk je weg in deze natuurgids. Hoewel er een veelheid aan kleuren, vormen en maten in de vogelwereld bestaat, zal de KLEURCODE je helpen om de juiste weg te vinden. Elke kleur staat voor een groep gelijkende vogelsoorten. Een verdere onderverdeling van de groepen aan het begin van elke kleur zal je helpen om de juiste beslissing te nemen, omdat je nu slechts enkele soorten in de subgroepen hoeft te vergelijken. De bijschriften bij de foto's wijzen op de belangrijkste kenmerken. Let op de beschrijving van de geluiden, maar ook het in de tekst beschreven gedrag bij het foerageren en nestelen kan leerzaam zijn.

BLZ. 6 TOT 69

Zangvogels

De meeste zangvogels zijn vrij klein, ongeveer zo groot als een mees of merel. De poten zijn meestal kort. De snavels zijn ook kort, maar variëren sterk in vorm (dik bij graaneters, dun bij insecteneters).
→ Het verenkleed is vaak eenvoudig grijs of bruin, maar soms erg kleurrijk. De mannetjes zijn meestal opvallender van kleur dan de vrouwtjes.

INFO
De kleurenbalk helpt je bij het navigeren door het boek.

→ Bij veel soorten laten de mannetjes een melodieuze zang horen. Het zingen dient enerzijds om de vrouwtjes aan te trekken, anderzijds om het broedgebied af te bakenen.
→ De kraaien zijn een uitzondering onder zangvogels, die zijn aanzienlijk groter dan hun familieleden en hun geluiden klinken minder prettig in onze oren.

BLZ. 70 TOT 85

Spechten tot duiven

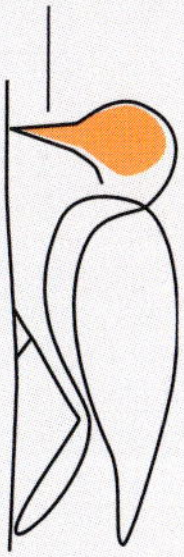

Deze soorten lijken vaak erg op zangvogels, maar zijn iets groter en er niet aan verwant. In deze groep vind je de tegen bomen klimmende en roffelende spechten, maar ook de wat onhandig ogende duiven, die bij ons heel algemeen zijn.
→ Er zijn ook enkele onmiskenbare 'individualisten' zoals de kleurrijke ijsvogel, de exotische halsbandparkiet, de hop en de altijd vliegende gierzwaluw.

BLZ. 86 TOT 99

Uilen en roofvogels

De uilen die 's nachts jagen en de roofvogels die overdag actief zijn, hebben alle een korte maar krachtige haaksnavel om hun prooi open te scheuren. Ze hebben ook sterke poten met scherpe klauwen. Bij alle soorten overheersen bruin- en grijstinten in het verenkleed, wat garant staat voor een goede camouflage als ze in een boom zitten.

⟶ De uilen hebben grote ogen, maar 's nachts lokaliseren ze hun prooi vooral met hun bijzonder grote en gevoelige oren die verborgen zijn onder het verenkleed van de grote kop.

⟶ Door hun gezichtsvermogen kunnen roofvogels hun prooien van grote hoogte ontdekken.

BLZ. 100 TOT 107

Hoenders en loopvogels

Deze vogels brengen veel tijd op de grond door met foerageren, vaak in open terrein. Verder zijn ze heel verschillend.

⟶ De kortpotige hoenders sluipen

bij gevaar schichtig de beschermende vegetatie in of vliegen luid met hun vleugels klapperend weg. Ze hebben een korte snavel om granen op te pikken.
⟶ De loopvogels hebben de langste poten onder de inheemse vogels en zijn verder vrij groot. Ze hebben een lange nek en een lange snavel. Ze zijn overal in het open landschap te vinden, ook langs wateren.

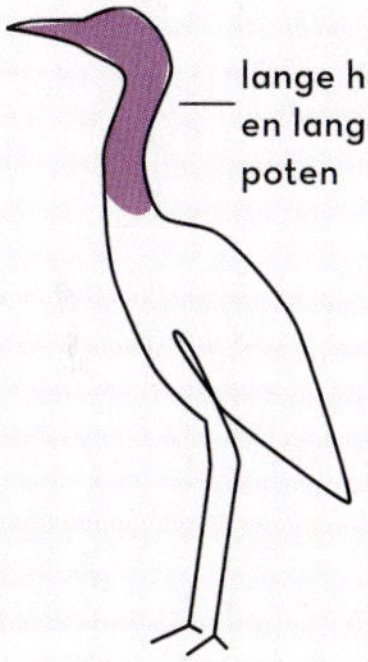

BLZ. 108 TOT 121

Watervogels en steltlopers

Samengevat zijn dit overwegend middelgrote tot grote vogels die zich vaak op of bij water bevinden.
⟶ Op de oevers, maar ook op akkers en weilanden, zijn steltlopers te zien, die sierlijk bewegen en, afhankelijk van hun specialisatie, poten en snavels van zeer verschillende lengtes hebben. Tot dezelfde orde behoren ook de meeuwen, die overwegend wit van kleur zijn en vaak in groepen voorkomen.
⟶ Watervogels komen nog vaker voor op en rond het water, ze zwemmen graag. Vooral zwanen en ganzen zoeken echter vaak voedsel op het land. De meeste watervogels hebben tenen met zwemvliezen.

ZANGVOGELS
sneller determineren

In deze groep vind je zangvogels in een grote verscheidenheid aan kleuren en vormen.

Let vooral op leefwijze en snavelvorm.

Volgens deze criteria zijn ze onderverdeeld in verdere subgroepen.

VANAF BLZ. 8

Mezen

Kleine, behendige vogels, ronde kop, korte maar krachtige snavel. Vaak in nestkasten en op voedertafels.

VANAF BLZ. 14

Vinken en dergelijke

Kleine, kortpotige zangvogels met dikke snavel (graaneters). Meestal op de grond op zoek naar voedsel, maar zingend vaak hoog in bomen.

VANAF BLZ. 28

Lijsters en dergelijke

Middelgrote zangvogels met relatief lange poten en slanke snavel. Zoekend naar voedsel op de grond, meestal zingend vanaf een hogere zangpost.

VANAF BLZ. 36

Insecteneters op de grond

Kleine zangvogels met relatief lange poten en slanke snavel. Meestal hippend op de grond, maar af en toe jagend vanaf een hogere zitpost.

VANAF BLZ. 44

Insecteneters in struik en boom

Kleine zangvogels met relatief korte poten en slanke snavel. Bewegen zich handig tussen de takken van bomen, vliegen af en toe kort om op insecten te jagen.

VANAF BLZ. 56

Andere

Verschillende zangvogels zoals zwaluwen en boomkruipers, die duidelijk anders zijn dan de andere subgroepen.

VANAF BLZ. 62

Kraaiachtigen

Grote zangvogels met relatief lange poten en krachtige snavel. Vaak op de grond op zoek naar voedsel, meestal in groepen of zelfs in zwermen.

Bezoekt in de winter graag voedertafels →

Pimpelmees

Cyanistes caeruleus

Lengte 10–12 cm
Geluid Typische triller die begint met twee hogere noten. Roep als die van koolmees, maar meestal hoger.
Voedsel Granen in de winter, insecten in de zomer.
Voorkomen In bosschages, bossen en tuinen, 's winters ook in het riet. Jaarvogel in bijna heel Europa, in het noorden ook trekvogel met in enkele jaren invasieachtige trek naar Midden- en West-Europa.

→ **TYPISCH** **Pimpelmezen zijn opvallende bewoners van onze tuinen. Ze broeden in boomholtes, maar vooral in nestkasten. Broedparen kunnen ook in de winter bij elkaar blijven, zelfs als ze in groepen en met andere vogelsoorten rondzwerven. Ze bezoeken dan vaak voedertafels en zijn bijzonder bedreven in het eten van mezenbollen.**

Bij het vergelijkbare vrouwtje is de buikstreep smal →

Koolmees

Parus major

Lengte 13–15 cm
Geluid Extreem vocaal met een groot repertoire aan roepen en zangstrofen. Roept vaak een 'pink' of hees 'tsjè-tsjè-tsjè'.
Voedsel Granen in de winter, 's zomers insecten (vaak rupsen).
Voorkomen In de meest uiteenlopende habitats met bomen, vooral in bossen, parken en tuinen. Jaarvogel, in Noord- en Oost-Europa ook trekvogel.

→ TYPISCH Koolmezen broeden in boomholten en nestkasten. Te kleine ingangsgaten worden met de kleine maar krachtige snavel passend gemaakt. Tot drie legsels met elk 8-9 eieren per jaar. In de winter verschijnen koolmezen vaak in groepen. Op voedertafels kun je zien hoe ze hun snavel slim gebruiken om zonnebloempitten te openen.

Lange, witte vlek op de achterkant van kop en nek →

Zwarte mees

Periparus ater

Lengte 10–12 cm
Geluid Uniforme strofen bestaande uit twee afwisselende tonen ('wize-wize-wize'), die minder krachtig klinken dan die van de koolmees. Roept nasaal en langgerekt 'tsoei'.
Voedsel Insecten in de zomer, in de winter vooral naaldboomzaden.
Voorkomen Jaarvogel in bossen, parken; meestal sterk gebonden aan naaldbomen. Buiten het broedseizoen ook in tuinen.

→ TYPISCH Gebruikt vaker dan andere mezen gaten in de grond of holtes in stenen muren om in te broeden, vooral wanneer boomholtes schaars zijn of bezet door andere vogelsoorten. Als ze voldoende kunnen vinden, verstoppen zwarte mezen voedsel als voorraad voor minder gunstige tijden. Buiten het broedseizoen sluiten ze zich graag aan bij groepen koolmezen en pimpelmezen om daarna naar voedertafels te gaan.

Deze mees is onmiskenbaar door zijn koptekening en kuif

Kuifmees Crested Tit

Lophophanes cristatus

Lengte 10–12 cm
Geluid Trillende roepjes, waaraan tijdens de zang fijnere tjilptonen worden toegevoegd.
Voedsel In de zomer insecten en hun larven, in de winter zaden, vooral die van naaldbomen.
Voorkomen Jaarvogel in naaldbossen, vergeleken met andere mezensoorten zelden in open terrein te zien. Alleen tuinen in de buurt van het bos worden bezocht.

→ TYPISCH Kuifmezen gebruiken voor het nestelen meestal holen die ze zelf uithakken in rottend hout, maar ook spechtenholen en nestkasten. Broedparen blijven hun hele leven bij elkaar en verlaten hun territorium niet, zelfs niet in de winter. Toch komen ze dan in groepen terecht met andere mezensoorten. Door de aanplant van naaldbossen zijn kuifmezen de afgelopen 100 jaar aanzienlijk toegenomen in West-Europa.

❶ Glanskop

Poecile palustris

KENMERKEN 11-13 cm • Kop en kinvlek glanzend zwart, kopzijden wit, bovenzijde bruin, geen vleugelveld • Het hele jaar door in loof- en gemengde bossen, in de winter ook in tuinen • Kwetterende roep, zang een monotone reeks korte tonen ('tjè-tjè-tjè-tjè...').

❷ Matkop

Poecile montanus

KENMERKEN 12-13 cm • Als glanskop, maar grotere kinvlek, matzwarte kop, licht vleugelveld • Het hele jaar door in allerlei soorten bossen, in tuinen minder algemeen dan glanskop • Roep als die van glanskop, maar langgerekter ('dèè-dèè-dèè'). Zang is een reeks dalende fluittonen.

Wintergasten uit Noord-Europa met een witte kop →

Staartmees

Aegithalos caudatus

Lengte 13–15 cm
Geluid Laat bijna continu hoge of snorrende roepen horen, de zachte, tsjilpende zang is zelden te horen.
Voedsel Kleine insecten en spinnen, rupsen, kleine knoppen, delen van vruchten.
Voorkomen Jaarvogel die broedt in loof- en gemengde bossen, maar ook in tuinen. In de winter ook in meer open terrein.

→ TYPISCH Staartmezen bouwen bolvormige nesten die vaak laag in struiken te vinden zijn, maar soms tot 30 m hoog in bomen. Ze broeden in paren, maar adulte vogels met mislukte broedsels helpen andere paren bij het grootbrengen van de jongen. Zelfs buiten het broedseizoen zijn staartmezen sociaal en lijken ze rusteloos door het gebied te zwerven in groepen van meestal 10-20 vogels.

Vrouwtjes minder opvallend →
van kleur, vooral op de kop

Huismus

Passer domesticus

Lengte 14–16 cm
Geluid Diverse tjilpende en ratelende roepen. 'Zang' is een reeks langzaam herhaalde 'tjilp'-roepen.
Voedsel Granen en andere plantenzaden en tijdens het broedseizoen insecten.
Voorkomen Jaarvogel nabij bebouwing, van vrijstaande boerderijen tot grote steden. Foerageert ook op akkers en weiden.

→ **TYPISCH** **De zeer sociale huismussen zijn de karaktervogels van veel dorpen en steden. Ze nestelen bijna altijd in holtes in gebouwen, maar ook in nestkasten. Vaak zijn er meerdere nesten dicht bij elkaar, soms zijn er ook grote, gemeenschappelijke nesten van wel 20 paar onder daken. Het foerageren gebeurt meestal in groepen die bescherming bieden tegen aanvallen van roofvogels of katten.**

Verschilt van huismus door koptekening en witte halsring →

Ringmus

Passer montanus

Lengte 13–14 cm
Geluid Vergelijkbaar met dat van huismus, maar de roepen zijn vaak harder en ruwer.
Voedsel Granen en zaden, ook insecten in het broedseizoen.
Voorkomen Jaarvogel in dorpen en tuinen, maar ook in kleinere boomgroepen zoals bosschages, boomgaarden en houtwallen. In het open landschap meestal algemener dan huismussen.

→ TYPISCH Ringmussen broeden in boomholtes en accepteren graag nestkasten. Ze zijn echter schuwer tegenover mensen dan hun naaste verwanten, de huismussen. Buiten het broedseizoen vormen ze net als huismussen grote zwermen waarin ze vaak samen met geelgorzen en verschillende soorten vinken op zoek gaan naar voedsel. In tuinen komen ze graag op voedertafels en ze kunnen zelfs hangend aan mezenbollen foerageren.

Vrouwtjes zijn onopvallend groenachtig grijs van kleur →

Vink

Fringilla coelebs

Lengte 14–16 cm
Geluid Luide, schetterende zang, dalend in toonhoogte met een slag aan het einde, de zogenoemde vinkenslag. Verschillende roepen: krachtig 'pink' (vandaar de naam 'vink'), rollend 'rrruup' (de zogenoemde 'regenroep'), onderdrukt 'tjuupp' in de vlucht.
Voedsel In de zomer voornamelijk insecten, in de winter diverse plantenzaden (ook beukennootjes, granen).
Voorkomen Het hele jaar door in bossen, parken en tuinen.

→ TYPISCH Een van de algemeenste vogels in Europa. In de herfst komen Noord-Europese broedvogels naar ons toe. Ze leven dan in groepen, vaak samen met andere soorten vinken zoals de keep. Het foerageren naar voedsel gebeurt in de wintermaanden op de grond, maar bij gevaar vliegen de vogels direct terug de struiken en bomen in. Dit is ook te zien bij voedertafels in de tuin.

Vrouwtjes en mannetjes in de winter met grijze kop →

Keep

Fringilla montifringilla

Lengte 14–16 cm
Geluid Goed te onderscheiden in vinkengroepen door de nasale roep. Zang monotoon, dalend en rauw 'rrruuh' (vergelijkbaar met de laatste noot van de groenlingzang).
Voedsel In de winter plantenzaden, vooral beukennootjes. In de zomer insecten.
Voorkomen Noord-Europese broedvogel in lichte naald- en berkenbossen. Overwintert in Midden- en Zuid-Europa, leeft dan vooral in beukenbossen, maar ook in tuinen.

→ TYPISCH De verspreiding in de winter verschilt van jaar tot jaar en is afhankelijk van het voorkomen van het hoofdvoedsel, de beukennootjes. In 'mastjaren' kunnen zwermen van meer dan een miljoen vogels zich verzamelen in beukenbossen met een rijke voedselvoorziening. In tuinen komen kepen meestal alleen of in kleine groepen naar de voederplaatsen.

Jonge vogel met een onop-
vallend gekleurde kop →

Putter

Carduelis carduelis

Lengte 12–14 cm
Geluid Drielettergrepige roep ('ti-vit-vit'). Zang zacht getjilp, waarin de kenmerkende roep voortdurend verweven wordt.
Voedsel Diverse plantenzaden, maar ook bladluizen.
Voorkomen Jaarrond aanwezige broedvogel in lichte bossen en vrijstaande bomen (bijvoorbeeld boomgaarden). Foerageert in het open landschap, meestal op braakliggend land of langs de kant van de weg.

→ TYPISCH Putters foerageren bijna alleen op zaden. De volksnaam 'distelvink' verraadt dat ze gespecialiseerd zijn in distels. Met hun vrij lange en spitse snavel trekken ze vakkundig de distelzaden uit de zaadhoofdjes. Voor het broedseizoen komen soms meerdere paren bij elkaar om losse groepen te vormen, waarvan de leden ook samen op zoek gaan naar voedsel.

Vrouwtjes bleker en wat vlekkerig van kleur →

Groenling

Chloris chloris

Lengte 14–16 cm
Geluid Zang lijkt wat afgeraffeld met trillende en tjilpende elementen, eindigt vaak met een lange, ruwe slotnoot. Roep meestal driemaal herhaald ('juup-juup-juup').
Voedsel Diverse plantenzaden, vruchtvlees van rozenbottels, knoppen.
Voorkomen Jaarvogel in parken en tuinen, ook in de bebouwde kom en aan bosranden.

→ **TYPISCH** **De krachtige snavel kenmerkt de groenling als zaadeter, die in de winter graag in groepen verschijnt bij voedertafels. Kleinere zaden worden vakkundig met de snavel en tong uit de bloemen verwijderd, terwijl grotere zaden zoals zonnebloempitten met de snavel worden gekraakt. Ze bouwen hun nest het liefst in sparren en jeneverbessen, maar ook in klimplanten tegen gebouwen.**

Vrouwtjes bleek van kleur, →
zonder zwarte kruin

Sijs

Spinus spinus

Lengte 11–12 cm
Geluid Onopvallende, fijn tjilpende zang die eindigt met een langgerekt gezoem. Fijne, droevig klinkende roep.
Voedsel Plantenzaden, vooral van sparren, berken en els.
Voorkomen Broedt in naald- en gemengde bossen, buiten het broedseizoen ook in bosschages, parken en grotere tuinen.

→ TYPISCH Met hun spitse snavel zijn sijzen gespecialiseerd in het pulken van zaden uit elzenkegels. Ze hangen vaak ondersteboven aan de kegel. Sparren- en berkenzaden zijn ook geliefd voedsel. Buiten het broedseizoen leven sijzen in zwermen, die tijdens de vlucht een zeer dichte indruk maken door de zeer korte afstanden tussen de vogels. Meestal toont hun vlucht dan licht en stuiterend.

Vrouwtjes valer van kleur,
gestreept boven en onder →

Europese kanarie

Serinus serinus

Lengte 11–12 cm
Geluid Snelle, hoog rinkelende zang, die wordt uitgevoerd in een vleermuisachtige vlucht met langzame vleugelslagen of vanaf boomtoppen en televisieantennes. De trillende roep lijkt op de zang.
Voedsel Kleine plantenzaden, in het voorjaar ook knoppen.
Voorkomen Leeft vooral in parken en tuinen nabij menselijke bebouwing, in Midden-Europa vooral een trekvogel.

→ TYPISCH De Europese kanarie is een nauwe verwant van de kooikanarie. De soort komt oorspronkelijk uit het Middellandse Zeegebied en is pas in de afgelopen 80-200 jaar van daaruit noordwaarts getrokken. In tuinen en parken profiteren Europese kanaries van aangeplante naaldbomen als broedplaats en van de verzorgde gazons en bloembedden in tuinen die plantenzaden op de grond toegankelijk maken.

'Koudere' kleuren bij wintergasten uit Scandinavië →

Kleine barmsijs

Acanthis cabaret

Lengte 12–14 cm
Geluid Roep klinkt als 'tsjèt' (vaak herhaald). De zang bestaat uit zulke roepen, maar gemengd met ruwe trillers.
Voedsel Voornamelijk plantenzaden, in het voorjaar ook nectar en stuifmeel van wilgenbloesem en insecten.
Voorkomen Leeft in naaldbossen in de bergen, maar in lagergelegen streken ook wel in dorpen met tuinen en parken.

→ TYPISCH Kleine barmsijzen hebben zich de afgelopen decennia als broedvogel uit zowel de Alpen als Groot-Brittannië verspreid naar Midden-Europa en zijn nu ook in veel steden te vinden. Omdat ze hun zang laten horen tijdens lange zangvluchten, is het moeilijk om de exacte broedplaats te bepalen. In de winter verschijnt ook de sterk gelijkende grote barmsijs uit Noord-Europa.

Vrouwtjes bleek van kleur, zonder rood op voorhoofd en borst →

Kneu

Linaria cannabina

Lengte 12–14 cm
Geluid Roep bestaat uit twee of drie lettergrepen ('tuug-itt'), klinkt zachter dan die van de groenling. De zang begint met soortgelijke noten en gaat verder met verschillende trillers en piepende tonen.
Voedsel Voornamelijk zaden van wilde kruiden en bomen, maar tijdens het broedseizoen ook insecten.
Voorkomen Leeft bij dorpen en boerderijen en in open landschap met struikgewas. In Midden-Europa meestal trekvogel.

→ TYPISCH Als het gaat om de keuze van de broedplaats, zijn kneuen flexibel. Ze kunnen nesten bouwen in lommerrijke struiken en in naaldbomen en schuwen de nabijheid van mensen niet. Ze voeden hun jongen met plantenzaden die eerder in hun krop zijn verweekt. Op voedselrijke plaatsen vormen kneuen grotere groepen buiten het broedseizoen.

Vrouwtjes vanonder bruingrijs →

Goudvink

Pyrrhula pyrrhula

Lengte 16–17 cm
Geluid Zachte, licht dalende en droevig klinkende roep ('duuu'). Onopvallende, zelden gehoorde zang bestaande uit lage fluittonen en trillers.
Voedsel Plantenzaden (vooral van brandnetel en esdoorn) en knoppen (vooral pruimen en esdoorn).
Voorkomen Broedt in gemengde bossen en parken, in de winter graag in tuinen en vaak bij voedertafels.

→ TYPISCH Mannetjes en vrouwtjes vormen vaak paren in de herfst, zwerven samen rond in de winter en kunnen zelfs levenslang bij elkaar blijven. In het voorjaar bouwen ze hun nest het liefst tussen de bijzonder dichte takken van naaldbomen. Ze voeden hun jongen met in hun krop voorgeweekte zaden, maar ook met insecten, rupsen en spinnen.

❶ Appelvink

Coccothraustes coccothraustes

KENMERKEN 17–18 cm • Verenkleed donkergrijs tot bruinig, forse snavel, witte velden op vleugels en staart • Jaarvogel in loof- en gemengde bossen, parken en tuinen • Kan zelfs kersenpitten kraken • Roept scherp 'zick', zachte zang met de scherpe roepen en lange, onderdrukte tonen.

❷ Kruisbek

Loxia curvirostra

KENMERKEN 15–17 cm • Gekruiste snavelheften, mannetjes rood, vrouwtjes groen. Soms in tuinen • Snijdt kegels open met de speciaal gevormde snavel om bij de zaden te komen • Broedt ook in de winter • Roept luid en duidelijk 'gipp'.

Vrouwtje met bruine kop →
en witte wenkbrauwstreep

Rietgors

Emberiza schoeniclus

Lengte 13–15 cm
Geluid Zang van langzaam voorgedragen losse noten, meestal vanuit de top van een rietstengel of een struik. Roep langgerekt, licht dalend 'psuuu'.
Voedsel 's Zomers voornamelijk insecten, anders vooral zaden.
Voorkomen Leeft in wetlands en langs meren en rivieren, vooral in rietkragen, ook langs kleinere vijvers. Meestal trekvogel.

→ **TYPISCH Rietgorsnesten worden uitsluitend door de vrouwtjes gebouwd en zijn meestal dicht bij de grond en goed verborgen in bosjes gras of oud riet. Het bijna twee weken durende uitbroeden van de meestal vijf eieren is ook een zaak van het vrouwtje alleen. Beide partners voeren de jonge vogels, waarbij de nakomelingen na twee weken uitvliegen, maar nog tien dagen buiten het nest worden verzorgd.**

Vrouwtjes minder intens geel, vanonder zwartachtig gestreept

Geelgors

Emberiza citrinella

Lengte 16–17 cm
Geluid Zang bestaande uit verschillende korte tonen en een langgerekte slottoon ('dzi-dzi-dzi-dzi-dzèèèè'). Roept rauw 'truutt'.
Voedsel Zaden van wilde grassen en granen, jonge vogels worden gevoerd met insecten, spinnen en pissebedden.
Voorkomen Jaarvogel in open, struikachtige landschappen en langs bosranden. In de winter ook bij voedertafels in tuinen.

→ TYPISCH In februari en maart verlaten eerst de felgekleurde mannetjes, daarna de meer effen gekleurde vrouwtjes de vaak grote wintergroepen. Aan het begin van het broedseizoen in april bevinden de meeste nesten zich onder struiken op de grond en worden ze vaak geplunderd. Pas als het uitlopende blad meer privacy biedt, worden nesten wat hoger in de struik gebouwd en met meer succes uitgebroed.

In het winterkleed licht gespikkeld →

Spreeuw

Sturnus vulgaris

Geluid 19–22 cm
Stimme Zang bestaat uit krassend gepiep en gefluit, ingebed in een rijk repertoire aan imitaties van andere vogelgeluiden. Roept hees 'èrrr'.
Voedsel Voornamelijk insecten, met voorkeur voor engerlingen en kevers. In de zomer ook vruchten en fruit (zoals kersen).
Voorkomen Broedt in boomholtes of nestkasten in bossen en dorpen, ook in gebouwen. Foerageert in akkers en weiden. In Midden-Europa voornamelijk trekvogel.

→ TYPISCH Spreeuwen zijn erg sociaal. Ze broeden graag in meerdere paren dicht bij elkaar en zoeken in groepen naar voedsel. Af en toe jagen ze samen tijdens de vlucht op zwermende insecten. Na het broedseizoen en onderweg vormen ze grote zwermen en verzamelen ze zich 's avonds met duizenden op slaapplaatsen in het riet.

Vrouwtjes bruin, → onderzijde iets lichter

Merel

Turdus merula

Geluid 24–29 cm
Stimme Melodieuze, fluitende zang, vooral bij zonsopgang en zonsondergang. Luid roepend bij gevaar.
Voedsel Zeer veelzijdig: regenwormen, kevers, mieren en andere kleine dieren, ook bessen en andere vlezige vruchten.
Voorkomen Het hele jaar door in tuinen, parken, bossen en struiken. Vaak bij voedertafels in de winter.

→ TYPISCH Merels zijn succesvolle cultuurvolgers. Ze profiteren van het aanplanten in tuinen van groenblijvende coniferen, die het hele jaar door bescherming bieden. Voedertafels ondersteunen de overleving in de winter, vooral als er sneeuw ligt. Het vrouwtje is bruingekleurd. Merels gebruiken hun snavel als hulpmiddel om bladeren opzij te schrapen en zo beter toegang te krijgen tot hun prooi.

Zingt het liefst vanuit een boomtop →

Grote lijster

Turdus viscivorus

Geluid 26–29 cm
Stimme Lange, raspende roep. Zang vergelijkbaar met die van merel, maar zeer korte strofen.
Voedsel In de zomer wormen en insecten, in de winter vruchten en bessen (vooral van maretak).
Voorkomen Broedt in oude bossen en in sommige gebieden ook in parken. Foerageert ook op akkers en velden. Sommige vogels blijven het hele jaar door in Midden-Europa, terwijl andere naar het zuiden trekken om te overwinteren.

→ TYPISCH De grootste Europese lijstersoort ontleent zijn wetenschappelijke naam aan zijn voorkeur voor de bessen van de maretak, een parasiet die op bomen leeft. De kleverige bessen blijven vaak aan de snavel plakken en worden zo naar naburige bomen getransporteerd. Op deze manier dragen de lijsters bij aan de verspreiding van de maretak.

Onderzijde zwaar gevlekt

Zanglijster

Turdus philomelos

Geluid 20–22 cm
Stimme Zang bestaat uit korte strofen, die meestal twee of drie keer worden herhaald. Roep is een scherp 'zip'.
Voedsel In hert voorjaar en de zomer regenwormen, kevers, vlinders, spinnen en slakken, anders bessen en andere vruchten.
Voorkomen Trekvogel die broedt in bossen en parken, maar ook in tuinen te zien is.

→ TYPISCH Overal waar zanglijsters leven, vind je vaak 'lijstersmidsen'. Geschikte stenen, maar ook traptreden, worden gebruikt als basis om slakkenhuizen met de snavel te breken. De zachte inhoud wordt vervolgens gegeten. Verder leven zanglijsters heimelijker dan andere lijsters in het kreupelhout en vestigen daar vooral de aandacht op zich door hun geritsel in de bladeren.

Ondervleugeldekveren opvallend rood →

Koperwiek

Turdus iliacus

Geluid 19–23 cm
Stimme Roept scherp en langgerekt 'zieeeh'. De zang is schokkerig en niet erg melodieus.
Voedsel Regenwormen, kevers en andere kleine dieren, ook bessen en vruchten van vlier, meidoorn en lijsterbes.
Voorkomen Broedvogel in Noord-Europa die overwintert in Midden-Europa. Te zien in open gebieden, lichte bossen en tuinen.

→ TYPISCH In trektijden en de winter verschijnen koperwieken meestal in troepen. Vaak zijn ze samen met kramsvogels te zien, waarmee ze voedsel zoeken in weilanden en op akkers. In tuinen zijn ze soms duidelijk zichtbaar in struiken en bomen, waar ze vooral bessen eten. Vooral in de herfst is 's nachts de scherpe roep van overtrekkende koperwieken te horen.

Lichte ondervleugeldekveren en lichte buik in de vlucht →

Kramsvogel

Turdus pilaris

Geluid 22–27 cm
Stimme Rauwe, trillende roepen. Krakende en piepende zang, vaak uitgevoerd tijdens de vlucht.
Voedsel Regenwormen, insecten en andere kleine dieren, vooral bessen en andere vruchten in herfst en winter.
Voorkomen Broedt in alle soorten bomen, foerageert in weiden en velden. Jaarvogel, sterke trek vanuit Noord-Europa in de herfst.

→ TYPISCH Van de inheemse lijsters is de kramsvogel de meest sociale. Ze broeden vaak met meerdere paren in losse kolonies. Binnenvallende kraaien of roofvogels worden gezamenlijk aangevallen en weggejaagd door ze met uitwerpselen te besproeien. Buiten het broedseizoen komen kramsvogels vaak voor in zwermen van enkele honderden vogels, vaak samen met spreeuwen en koperwieken.

Op de vleugel zijn rode plaatjes te zien →

Pestvogel

Bombycilla garrulus

Geluid 18–21 cm
Stimme Hoge, rinkelende roep ('sirrr').
Voedsel In de winter bessen (zoals lijsterbes, rozenbottels, maretak) en appels aan de bomen. Insecten in de zomer.
Voorkomen Jaarvogel in naaldbossen in het hoge noorden. In sommige winters invasieve trek naar Midden-Europa, en daar dan vooral binnen de bebouwde kom en in tuinen.

→ **TYPISCH** **Pestvogels verschijnen in de winter bijna altijd in groepen van 5-20 vogels. Ze kenmerken zich vooral door hun bijzonder zachte verenkleed in verschillende tinten bruin. Kenmerkend zijn ook de wasachtige plaatjes op de vleugel. De pestvogel wordt zo genoemd omdat zijn verschijnen in de middeleeuwen geassocieerd werd met pestepidemieën en de bellen die toen geluid werden. Ook vandaag de dag is het meestal hun roep die je attent maakt op de aanwezigheid van pestvogels.**

Insecten voor de jonge vogels worden in grote porties gebracht

Waterspreeuw

Cinclus cinclus

Geluid 17–20 cm
Stimme Gebabbel met hoge, heldere, vaak metaalachtig klinkende tonen, soms nauwelijks waarneembaar langs stromend water en meestal uitgevoerd vanaf een steen die uit het water steekt. Roep is een scherp 'srit'.
Voedsel Voornamelijk waterinsecten en vlokreeftjes, ook kleine vissen en amfibieën.
Voorkomen Uitsluitend langs snelstromende rivieren en beken, ook binnen dorpen. Wintergast in Nederland.

→ TYPISCH Waterspreeuwen zijn zeer nauw verbonden met stromend water. Het zijn de enige zangvogels die in stromend water kunnen duiken. Dit doen ze veelvuldig om kleine waterdieren van de bodem van het water te halen. Zwemmen speelt ook een rol bij de balts. Ze bouwen hun bolvormige nesten direct aan de oevers van het water onder boomwortels, stenen of bruggen.

❶ Grote gele kwikstaart

Motacilla cinerea

KENMERKEN 17–20 cm • Gele onderzijde, grijze rug, lange staart, mannetje met zwarte keel • Jaarvogel, bijna alleen langs stromend water • Zit graag met wippende staart langs beekjes • Broedt onder boomwortels en stenen langs de oever of onder bruggen • Roep is hoger dan die van witte kwikstaart.

❷ Gele kwikstaart

Motacilla flava

KENMERKEN 15–16 cm • Gele onderzijde, groenachtige rug, vrouwtje bleker • Broedt in natte weiden en graan-, en bollenvelden, overwintert ten zuiden van de Sahara • Foerageert tussen grazend vee • Veel ondersoorten • Schokkerige zang van 2-3 tonen, roep licht dalend 'psie'.

Bij jonge vogels is de koptekening onduidelijk, de bef diffuus

Witte kwikstaart

Motacilla alba

Lengte 17–19 cm
Geluid Zang onopvallend tjilpend, roep onderscheidend en helder 'zi-witt'.
Voedsel Muggen, vliegen en andere insecten, waaronder vlokreeftjes en kleine vissen.
Voorkomen Leeft in uiteenlopende, open cultuurlandschappen, meestal in de buurt van water, zowel rivieren als poelen en kleinere plassen, vaak ook in dorpen. Meestal trekvogel.

→ TYPISCH Bij het foerageren naar voedsel rennen kwikstaarten rond op de grond, met snelle stappen of in korte vluchten op jacht naar insecten. Ze bouwen hun komvormige nest in allerlei soorten holtes of spleten, in gebouwen en onder bruggen, maar ook aan de oevers van beken, in puinhopen of in struiken. Bijna continu wippend met zijn lange staart.

❶ Noordse nachtegaal

Luscinia luscinia

KENMERKEN 15–17 cm • Bovenzijde bruin, staart roodachtig, onderzijde licht, borst onduidelijk gevlekt • Leeft verborgen in vochtige loofbossen en struiken, vaak in de buurt van water • Alleen in Noord- en Oost-Europa, trekvogel • Zingt vooral 's nachts, luid; zang lijkt op die van nachtegaal, maar schokkeriger, harder

❷ Nachtegaal

Luscinia megarhynchos

KENMERKEN 15–17 cm • Bovenzijde en staart roodbruin, borst hooguit lichtgetint • Leeft verborgen in houtige planten met dichte ondergroei, ook in dorpen en steden, trekvogel • Zeer luide zang met zware en fluitende delen, vooral 's nachts.

Roodborst

Erithacus rubecula

Lengte 13-14 cm
Geluid In toonhoogte dalende, parelende zang, regelmatig in de winter, wanneer het vrouwtje ook zingt. Fijne 'tick' als roep, vaak in snelle reeksen.
Voedsel Zeer veelzijdig, vooral insecten, spinnen, pissebedden, kleine wormen en slakken.
Voorkomen Algemene jaarvogel bij allerlei soorten struiken en bomen, vooral in bossen, parken en tuinen, bezoekt graag voedertafels.

→ TYPISCH Roodborsten blijven meestal op de grond om te foerageren. Ze broeden ook op de grond, omdat ze hun nesten ofwel onder wortels, onder graspollen, op klimplanten of in andere holten dicht bij de grond bouwen. Het uitbroeden is alleen de taak van het vrouwtje, maar ze wordt ondersteund door het mannetje bij het voeren van de jonge vogels.

Vrouwtjes lichter vanonder dan zwarte roodstaart →

Gekraagde roodstaart

Phoenicurus phoenicurus

Lengte 13–14 cm
Geluid De zangstrofen beginnen met een hoge en twee lagere noten ('di-dada'), gevolgd door enkele variabele, ratelende geluiden.
Voedsel Insecten en spinnen, sporadisch ook bessen.
Voorkomen Leeft in lichte bossen, parken en tuinen. Overwintert in Afrika bezuiden de Sahara.

→ TYPISCH Roodstaart broedt in boomholten. Als deze ontbreken, accepteren ze graag nestkasten als vervanging. Bij het zoeken naar voedsel letten ze vanaf een zitpost op kleine dieren, die ze meestal vangen door naar de grond te vliegen, maar ze af en toe ook al vliegend vangen. Omdat de gekraagde en zwarte roodstaart zeer nauw verwant zijn, zijn er af en toe gemengde broedparen van een mannetje en een vrouwtje van de twee soorten.

Vrouwtjes (en deels eenjarige mannetjes) grijsbruin met een roestrode staart →

Zwarte roodstaart

Phoenicurus ochruros

Lengte 13–14 cm
Geluid Bij het zingen volgt na een helder klinkende reeks noten een langgerekt, rauw gesis voordat de strofe eindigt met meer heldere noten.
Voedsel Insecten en spinnen, in de herfst ook bessen.
Voorkomen Veel voorkomende broedvogel in de bebouwde kom. Foerageert ook in de omliggende akers en weiden. Overwintert in het Middellandse Zeegebied.

→ TYPISCH Ooit was de soort beperkt tot berggebieden waar hij in rotsholtes broedde. Sinds het midden van de negentiende eeuw verspreidde hij zich over vlakkere landschappen en heeft hij sindsdien ook kunstmatige 'rotslandschappen' bevolkt, zoals steden (vooral nieuwbouwgebieden), industriegebieden en grindgroeven. In dorpen en steden is de zwarte roodstaart meestal de vroegste zanger – vóór het begin van de schemering.

❶ Heggenmus

Prunella modularis

KENMERKEN 13–14 cm • Bruin, gestreept met blauwgrijze kop, dunne snavel • Bewoont heggen, parken, tuinen, bij bebouwing • Overwegend trekvogel, sommige vogels overwinteren bij ons • Foerageert vrij heimelijk in de ondergroei • Hoge, rinkelende zang van een verhoogde zangpost.

❷ Veldleeuwerik

Alauda arvensis

KENMERKEN 16–18 cm • Lichtbruin gestreept, kleine, korte kuif, witachtige achterrand op de vleugel • Broedt in akkers en weilanden • Overwintert in Zuid-Europa • Schijnbaar eindeloze zangvlucht met trillende tonen en imitatie van andere soorten, vogel 'staat' daarbij hoog in de lucht.

3 Boompieper

Anthus trivialis

KENMERKEN 14–16 cm • Gestreept verenkleed, krachtige borststrepen, opvallendere koptekening en warmer getinte borst dan graspieper • Broedt op open plekken en langs bosranden, overwintert in Afrika bezuiden de Sahara • Zang vergelijkbaar met graspieper, zingend vanuit boomtoppen.

4 Graspieper

Anthus pratensis

KENMERKEN 14–15 cm • Onopvallend bruin en gestreept, minder contrasterend van kleur dan boompieper • Leeft op akkers en weilanden, soms naar Zuid-Europa trekkend • Zang bestaat uit losse elementen in een dalende zangvlucht, die vanaf de grond begint • Roep is een kort 'is is'.

Het meest opvallende aan de
winterkoning is de schetterende zang →

Winterkoning

Troglodytes troglodytes

Lengte 9–10 cm
Geluid Luide, schetterende zang die ook in de winter te horen is; snorrende alarmroep.
Voedsel Voornamelijk insecten en spinnen, in de winter ook wel plantenzaden.
Voorkomen Bewoont de dichte ondergroei van bossen, parken en tuinen. Jaarvogel.

→ TYPISCH De zang, die verrassend luid is voor zo'n kleine vogel, wordt gebruikt om in de lente en zomer het broedgebied af te bakenen en in de winter het foerageergebied te markeren. Het mannetje bouwt verschillende bolvormige nesten in holtes van boomstammen of in muren, waarvan het vrouwtje er een kiest om in te broeden. Veel mannetjes hebben twee, soms zelfs vier vrouwtjes. De nesten worden ook het hele jaar door gebruikt om in te overnachten.

Zoekt vanaf takken naar insecten

Grauwe vliegenvanger

Muscicapa striata

Lengte 13–15 cm
Geluid Onopvallende zang bestaande uit zachte, soms krassende tonen. Roept vaak dun 'ssri' of alarmerend 'ziteck'.
Voedsel Insecten en spinnen, af en toe bessen in de herfst.
Voorkomen Broedt in open bossen, parken en tuinen. Overwintert in Afrika bezuiden de Sahara.

♀ → **TYPISCH** **Grauwe vliegenvangers broeden in boomstammen, huismuren en halfopen nestkasten. In Midden-Europa behoren ze tot de laatste broedvogels en begint het leggen van de eieren vaak pas in juni. Ze vangen hun prooi in de vlucht vanaf een uitkijkpost, soms pas na een behendige achtervolging. Voordat ze die verslinden, slaan ze grotere prooien zoals libellen of vlinders tegen takken. De angel van bijen en wespen wordt verwijderd om inwendige verwondingen te voorkomen.**

❶ Withalsvliegenvanger

Ficedula albicollis

KENMERKEN 12–14 cm • Als bonte vliegenvanger zwart-wit van kleur, maar met witte halsring en witte stuit • Broedt in lichte bossen en parken, overwintert in tropisch Afrika • Zang stiller en langzamer dan van bonte vliegenvanger, vaak met een lang 'iip' • Dwaalgast in Nederland.

❷ Bonte vliegenvanger

Ficedula hypoleuca

KENMERKEN 12–14 cm • Mannetjes vanboven zwart-wit, vanonder wit, vrouwtjes valer • Broedt in boomholten en nestkasten in bossen en grote tuinen, overwintert in tropisch West- en Centraal-Afrika • Zang begint met 'woeti-woeti', gevolgd door een zachter getjilp.

Zelden zie je een spotvogel zo vrij zitten →

Spotvogel

Hippolais icterina

Lengte 12–14 cm
Geluid Snelle zang met krassende en piepende tonen, waaronder vaak herhaalde 'doctor knie'. Imitaties van geluiden van andere vogelsoorten in de zang. Roept 'tete-hoei' in drie lettergrepen
Voedsel Insecten, spinnen en bessen.
Voorkomen Broedt in open bossen, struikgewas, parken en grotere tuinen. Overwintert in zuidelijk Afrika.

→ TYPISCH Lijkt qua uiterlijk sterk op de boszangers fitis en tjiftjaf (blz. 48/49). Maar de spotvogel leeft veel heimelijker dan deze en blijft meestal verborgen in het dichte gebladerte van struiken en bomen. Daar beweegt hij zich vooral langs de grotere twijgen en takken. Insecten worden opgepikt van twijgen en bladeren en niet uit de lucht gehaald zoals bij de boszangers.

Sommige doortrekkers uit Scandinavië hebben een grijzer verenkleed

Fitis

Phylloscopus trochilus

Lengte 11–12 cm
Geluid Melancholisch, dalende gezang ('vink in mineur') meestal vanuit het bovenste deel van de boom. Roep een tweelettergrepig, licht stijgend 'hoe-ihd'.
Voedsel Kleine insecten, ook spinnen en relatief zelden vruchten en bessen.
Voorkomen Broedt in lichte bossen, bosschages en parken. Overwintert van West- tot Zuid-Afrika.

→ TYPISCH De trek tussen het broedgebied en de winterkwartieren vindt 's nachts plaats. Trekvogels die in de lente bij ons rusten, zingen vaak intens en verspreiden zo de sfeer van Scandinavische berkenbossen, waar ze bijzonder talrijk broeden. Bij het zoeken naar voedsel blijft de fitis meestal hoog in struiken en bomen. Insecten worden ofwel in de lucht gevangen of van bladeren gepikt, soms ook in een biddende vlucht.

In het broedseizoen verzamelt de tjiftjaf onvermoeibaar insecten voor de jongen →

Tjiftjaf

Phylloscopus collybita

Lengte 10–12 cm
Geluid Zingt monotoon 'tjif-tjaf' (tot honderd keer herhaald). Roep als die van fitis, maar is meestal eenlettergrepig.
Voedsel Voornamelijk insecten, slechts af en toe bessen en vruchten.
Voorkomen Broedt in bossen en andere habitats met bomen, inclusief tuinen. Trekvogel die overwintert in het Middellandse Zeegebied.

→ **TYPISCH Net als het gestage zingen, gebeurt ook het foerageren meestal hoog in bomen. In tegenstelling hiermee wordt het nest slechts enkele centimeters boven de grond gebouwd, in tuinen vaak in bramen of klimop. Het uitbroeden van de meestal 4-6 eieren duurt slechts 14 dagen. Nog eens 14 dagen later zijn de jongen al uitgevlogen, maar ze worden nog twee weken verzorgd en gevoerd door de oudervogels.**

De kleine vogels vallen nauwelijks op → tussen het gebladerte

Goudhaan

Regulus regulus

Lengte 8–9 cm
Geluid Zang heel hoog, ritmisch en versnellend naar het einde van de strofe. Roep 'srri' (meestal twee tot vier keer).
Voedsel Kleine insecten en spinnen.
Voorkomen Jaarvogel in naald- en gemengde bossen, indien naaldbomen aanwezig, ook in parken en tuinen. Trekvogel in Noord-Europa.

→ **TYPISCH Rusteloos scharrelen goudhanen door de dichte takken van naaldbomen, waar ze de kleinste prooien oppikken. Ze kunnen ook ondersteboven aan de takken hangen. Soms maken ze korte, zoemende vluchten om prooien vanaf de toppen van takken te pikken. Buiten het broedseizoen verblijven de kleinste vogels van Europa vaak in losse groepen, soms samen met mezen, en zijn dan minder gebonden aan naaldbomen.**

De kop is sterk gestreept in verschillende kleuren →

Vuurgoudhaan

Regulus ignicapilla

Lengte 9–10 cm
Geluid Zeer hoge zang, korter en eentoniger dan die van de goudhaan, bestaat praktisch alleen uit diens stijgende en versnellende slotstuk. Roep vergelijkbaar met die van goudhaan.
Voedsel Kleine insecten en spinnen.
Voorkomen Broedt in naald-, gemengde en loofbossen. Midden-Europese vogels overwinteren in het westelijke Middellandse Zeegebied, Zuid-Europese vogels trekken niet.

→ TYPISCH Vergeleken met de zustersoort zijn vuurgoudhanen minder gebonden aan naaldbomen. Nestelen doen ze wel in naaldbomen, waarin ze hun bolvormige nesten verstrengelen met de onderkant van de takken op een hoogte van meer dan 10 meter. De legsels kunnen tot 13 eieren tellen, die vanwege hun zeer dunne schaal erg kwetsbaar zijn. Ze wegen slechts 0,6 gram.

Onderzijde wittig,
maar borst lichtgetint

Tuinfluiter

Sylvia borin

Lengte 13–14 cm
Geluid Eentonige, kwetterende zang met langere strofen dan de zwartkop en zonder diens fluittonen.
Voedsel Insecten, spinnen en slakken, veel bessen en vruchten na het broedseizoen.
Voorkomen Leeft verborgen en onopvallend in dichtbegroeide delen van bossen, heggen, parken en tuinen. Overwintert in de zuidelijke helft van Afrika.

→ TYPISCH Voor de trek naar hun winterverblijf slaan tuinfluiters in Europa geleidelijk grote vetreserves op als 'brandstof', totdat ze in Noord-Afrika hun gewicht hebben verdubbeld. Het eten van energierijke bessen zoals vlierbessen speelt hierbij een belangrijke rol. De Sahara, die voor de vogels levensgevaarlijk is, wordt vervolgens in een non-stop vlucht overgestoken.

Het enige verschil tussen het vrouwtje en het mannetje is de bruine kopkap

Zwartkop

Sylvia atricapilla

Lengte 13–15 cm
Geluid Melodieuze zang, coupletten eindigen met een paar duidelijke fluittonen en zijn korter dan die van de tuinfluiter. Roep is een hard 'tack'.
Voedsel Voornamelijk insecten, maar voor de herfsttrek vooral bessen en vruchten.
Voorkomen Broedvogel in tuinen, parken en bossen. In Zuid-Europa jaarrond, verder vooral trekvogels.

→ TYPISCH Zwartkoppen zijn zeer flexibel en hebben in Midden-Europa geprofiteerd van het toenemende bosareaal en van de vergroening van de buitenwijken, waardoor hun populatie is toegenomen. Ze leerden te foerageren op voedertafels. Inmiddels trekken onze broedvogels niet meer uitsluitend naar het Middellandse Zeegebied, maar overwinteren ze ook in Engeland dankzij de vele voedertafels daar.

Bij het vrouwtje is de kop bruinig →

Grasmus

Sylvia communis

Lengte 13–15 cm
Geluid Krassende, zacht babbelende zang, die vaak tijdens een zangvlucht wordt uitgevoerd, bevat bijna altijd een luide reeks van drie dubbele tonen ('drida-drida drida').
Voedsel Insecten en andere kleine dieren, ook bessen.
Voorkomen Leeft in het open landschap in struiken en hagen, tijdens de trek ook in tuinen. In de winter ten zuiden van de Sahara tot Zuid-Afrika.

→ TYPISCH De grasmus heeft een divers repertoire aan geluiden. Afgezien van het hierboven genoemde typische voorbeeld, is de zang zeer variabel. Daarnaast zijn er meer dan 25 verschillende roepen bekend die onder andere dienen om te waarschuwen voor vijanden, opwinding te uiten of contacten te onderhouden. Door zijn zangvluchten blijft de grasmus minder verborgen in de struiken dan andere *Sylvia*-zangers.

Zelfs tegen de donkere iris is de oogring → nauwelijks zichtbaar

Braamsluiper

Sylvia curruca

Lengte 12–14 cm
Geluid De zangstrofen bestaan uit nauwelijks hoorbaar, schurend gekwetter en eindigen met een luide, zacht dalende 'ratel'. Roept hard en smakkend 'tack'.
Voedsel Kleine insecten, ook bessen en vruchten in zomer en herfst.
Voorkomen Bewoont struiken in open bossen, parken en tuinen. Overwintert in Noordoost-Afrika.

→ TYPISCH Van de *Sylvia*-zangers komt de braamsluiper in dorpen het talrijkst voor. Daar valt hij vooral op door zijn luide zang, maar bij het zoeken naar voedsel blijft hij meestal verborgen in dichte struiken. Terwijl de meeste Midden-Europese zangvogels in de herfst naar het zuidwesten of zuiden trekken, trekken braamsluipers naar het zuidoosten en overwinteren ze van Soedan tot Kenya.

1 Boomkruiper

Certhia brachydactyla

KENMERKEN 12–14 cm • Bovenzijde bruin, onderzijde vuilwit, snavel iets langer dan bij taigaboomkruiper • Jaarvogel in loofbossen en parken • Klimt tegen boomstammen en dikke takken • Zang is een oplopende reeks fluittonen, roept vaak scherp, ver hoorbaar 'tuut'.

2 Taigaboomkruiper

Certhia familiaris

KENMERKEN 12–14 cm • Lijkt veel op boomkruiper, maar de onderzijde is wit en de wenkbrauwstreep is breder • Jaarvogel in naald- en gemengde bossen • Klimt tegen bomen zoals boomkruiper • Zang: fijne trillers, doet denken aan pimpelmees • Roep fijn, hoog, rauw ('srrie'), vergelijkbaar met goudhaan.

Alleen de boomklever klimt →
ondersteboven op de boomstam

Boomklever

Sitta europaea

Lengte 12–15 cm
Geluid Roept veel en luid, heel verschillende roepen, meestal in series. De zang is een bijzonder lange reeks roepen.
Voedsel Spinnen en insecten tijdens het broedseizoen, anders voornamelijk plantenzaden (vooral van hazelaar, beuk en naaldbomen).
Voorkomen Jaarvogel in loof- en gemengde bossen, parken en grotere tuinen, bezoekt voedertafels in de winter.

→ TYPISCH Boomklevers zijn de enige vogels die met hun kop naar beneden op boomstammen klimmen. Ze broeden in boomholten, te kleine toegangsgaten worden groter gehakt en te grote worden met klei verkleind tot de juiste maat. Al in de zomer verbergen boomklevers voedseloverschotten als wintervoorraad, insecten en zaden worden in spleten op takken geklemd en bedekt met schors of mos, een deel wordt in de grond begraven.

Boerenzwaluwen zitten graag op kabels en draden →

Boerenzwaluw

Hirundo rustica

Lengte 17–21 cm
Geluid Kwetterende en tjilpende zang. Roept tijdens de vlucht 'wit', vaak herhaald.
Voedsel Vliegende insecten, vooral vliegen, muggen, vliesvleugeligen en wantsen.
Voorkomen Leeft in de zomer bij boerderijen en in open gebieden, als het regent vaak bij water geconcentreerd. Broedt in gebouwen en onder lage bruggen. Overwintert in Afrika tot aan de zuidpunt van het continent.

→ TYPISCH Boerenzwaluwen broedden ooit in rotsholtes, maar nu vooral in gebouwen (meestal stallen). Ze bouwen daar hun nesten in hoeken en gaten van klei en stengels, aan elkaar gelijmd met hun eigen speeksel. Na het broedseizoen verzamelen de vogels zich in grote zwermen in en rond dorpen voordat ze op weg gaan naar hun Afrikaanse winterkwartieren.

Verzamelt nestmaterialen op de grond →

Huiszwaluw

Delichon urbicum

Lengte 13–15 cm
Geluid Zachte, tjilpende zang. Roep een rauw en droog 'prritt'.
Voedsel Insecten afhankelijk van wat er in het luchtruim beschikbaar is, vaak vliegen, muggen en bladluizen.
Voorkomen Oorspronkelijk een broedvogel van rotswanden, tegenwoordig vooral op huizen in steden en dorpen, vaak in kolonies. Overwintert in Afrika bezuiden de Sahara.

→ TYPISCH In tegenstelling tot boerenzwaluwen, die graag vlak boven de grond jagen, vliegen huiszwaluwen meestal hoger in de lucht wanneer ze op insecten jagen en kunnen ze daar af en toe worden gezien met de veel grotere gierzwaluwen. Nesten worden gemaakt van klei en speeksel aan de buitenkant van gebouwen, bij voorkeur onder dakranden. Vestiging kan worden aangemoedigd met speciale nesthulpmiddelen.

Vrouwtjes met onopvallende koptekening, flanken gestreept →

Grauwe klauwier

Lanius collurio

Lengte 16–18 cm
Geluid Zacht, nauwelijks hoorbaar gebabbel, alarmroep hees 'dsjèè'.
Voedsel Voornamelijk insecten (vooral kevers, hommels, sprinkhanen, krekels), maar ook spinnen, jonge vogels en muizen.
Voorkomen Broedt in hagen en struiken van het open cultuurlandschap, soms ook in parken en grotere tuinen. Overwintert van Centraal- tot Zuid-Afrika.

→ TYPISCH Grauwe klauwieren vangen hun prooi in de lucht of slaan hem op de grond als een roofvogel. Overtollige insecten en muizen worden op doornen gespietst als voorraad voor schaarse tijden. Goed beschermd in doornstruiken, is het nest opgebouwd uit twijgen, stengels en mos, waarin meestal 5-6 eieren worden uitgebroed.

Vrouwtjes en jonge mannetjes hebben een groen verenkleed

Wielewaal

Oriolus oriolus

Lengte 22–25 cm
Geluid Krachtige, melodieuze zang bestaande uit 3-5 heldere fluittonen. Hese, licht stijgende roep ('wèèèk').
Voedsel Insecten en dan vooral rupsen, vanaf de zomer veel vruchten en bessen.
Voorkomen Broedt in hoge, vaak vochtige loofbossen, vaak in de buurt van water, af en toe in parken. Overwintert in de zuidelijke helft van Afrika.

→ TYPISCH Wielewalen leven meestal verborgen en goed gecamoufleerd in de boomtoppen en worden meestal alleen opgemerkt door hun zang of roep. Ook het nestelen vindt hoog in de bomen plaats. Na vijf weken de jongen groot te hebben gebracht, valt de familiegroep uiteen, oude en jonge vogels trekken dan individueel naar tropisch Afrika. De naam gaat terug op de zang, een andere bekende klanknabootsing is 'dudeljo'.

Verenkleed bruin, →
sterk witgevlekt

Notenkraker

Nucifraga caryocatactes

Lengte 32–35 cm
Geluid Krassende roep die ruwer en schriller klinkt dan die van de gaai.
Voedsel Voornamelijk hazelnoten, walnoten en zaden van naaldbomen, vruchten en bessen, in de zomer ook insecten.
Voorkomen Jaarvogel in de naaldbossen van de Alpen en de Midden-Europese middelgebergten. Soms in dorpen buiten het broedseizoen. Dwaalgast in Nederland.

→ **TYPISCH** **In de late zomer beginnen notenkrakers noten en kegels in de grond te begraven. Individuele vogels maken tot 6000 schuilplaatsen met zo'n 100.000 zaden. Deze voorraden dienen niet alleen voor de winter, maar ook voor de volgende zomer wanneer de jongen worden grootgebracht als voedsel. Zo'n 80 procent van de zaden wordt teruggevonden, de overige dragen in belangrijke mate bij aan de verspreiding van de betreffende boomsoorten.**

Vleugeldekveren →
met blauw-zwart patroon

Gaai

Garrulus glandarius

Lengte 32–35 cm
Geluid Veel verschillende roepen, de meest voorkomende is een luid gekras. Vaak ook buizerdachtig 'hijèh'.
Voedsel Zaden en vruchten (vooral eikels, hazelnoten, beukennootjes), maar ook insecten en soms kleine zoogdieren en reptielen.
Voorkomen Jaarvogel in bossen, parken en grotere tuinen, vooral in de winter ook in woongebieden, daar bij voorkeur bij voedertafels.

→ TYPISCH Eikels en andere boomvruchten worden verborgen als voorraad voor de winter wanneer er minder voedsel is. Gaaien vliegen soms een paar kilometer om meerdere eikels in hun krop te verzamelen. Terug in hun gebied begraven ze elke eikel met de snavel in een kuiltje in de grond. Nieuwe eiken groeien op uit niet opgehaalde eikels.

In de vlucht witachtige handpennen en witte buik

Ekster

Pica pica

Lengte 40–51 cm
Geluid Luid gekekker, vaak meerlettergrepig.
Voedsel Zeer gevarieerd: in de zomer insecten, regenwormen en andere bodembewonende ongewervelden, in de winter vooral zaden, bessen en vruchten, afhankelijk van het aanbod ook aas, afval, vogeleieren en muizen.
Voorkomen Jaarvogel in open landschap met bomen en hagen, maar vooral in de bebouwde kom en in parken.

→ TYPISCH Door het opruimen van het landschap zijn eksters de afgelopen decennia steeds meer naar steden en dorpen getrokken. In loofbomen zijn hun bolvormige nesten van takken duidelijk zichtbaar, terwijl ze in naaldbomen beter verborgen zijn. Hoewel eksters soms jonge vogels en eieren van andere vogelsoorten stelen, heeft dit geen negatieve invloed op de populatieontwikkeling van de betreffende vogels.

Gezichtsuitdrukking wordt gekenmerkt door de lichte iris →

Kauw

Coloeus monedula

Lengte 30–34 cm
Geluid Opvallende, blaffende 'kjack'-roepen.
Voedsel Alleseters, in de zomer meer insecten, wormen en slakken, in de winter meer plantenzaden, zaailingen en bessen, vaak ook afval.
Voorkomen Broedt in steden, dorpen en bossen, foerageert in het open landschap. Jaarvogel, sterke aanwas vanuit Oost-Europa in de winter.

→ TYPISCH Kauwen zijn holenbroeders die van nature nestelen in rotswanden en in boomholten. In oude bossen gebruiken ze vaak verlaten nesten van zwarte spechten, in steden broeden ze in allerlei soorten holten en nissen in gebouwen, inclusief schoorstenen. Als sociale vogels vormen ze vaak broedkolonies en zoeken ze bijna altijd in groepen naar voedsel. In de winter vormen ze grote groepen met roeken.

Een volumineus nest van stevige takken

Roek

Corvus frugilegus

Lengte 41–49 cm
Geluid Roep klinkt schor en is vaak toonlozer dan die van de zwarte kraai.
Voedsel Zeer veelzijdig, maar geeft de voorkeur aan regenwormen, insecten, slakken, granen en vruchten, vaak ook organisch afval en aas.
Voorkomen Broedvogel van bossen en dorpen, foerageert vooral in het open landschap.

→ TYPISCH Roeken broeden in dichte kolonies hoog in hoge bomen, vaak midden in dorpen en stadjes. Ze zijn ook sociaal bij het zoeken naar voedsel, waar ze vaak samen met kauwen en zwarte of bonte kraaien kunnen worden gezien. Indrukwekkend zijn de grote, winterse slaapplaatsen in bomen, waar in de schemering tot 150.000 roeken bijeen kunnen komen.

Vleugelbasis breed (bij roek smal), staart bijna recht (bij roek rond) →

Zwarte kraai

Corvus corone

Lengte 44–51 cm
Geluid Roept luid en hard 'krrah', meestal drie tot vier keer herhaald.
Voedsel Alleseter, maar vooral alle soorten kleine dieren, aas, organisch afval, plantenzaden en vruchten.
Voorkomen Jaarvogel in het westen van Europa. Leeft in bijna alle habitats behalve in dichte bossen, vaak ook binnen de bebouwde kom.

→ TYPISCH Zwarte kraaien zijn alomtegenwoordige vogels in het open landschap. Ze broeden in individuele bomen en op hoogspanningsmasten, in bosschages of aan de rand van het bos. Hun nesten worden later vaak gebruikt door uilen en valken. Als broedvogels zijn ze niet erg sociaal, maar zwarte kraaien vormen buiten het broedseizoen kleinere groepen. Als aaseters profiteren ze van dieren die door het verkeer zijn gedood.

Bonte kraai

Corvus cornix

Lengte 44–51 cm
Geluid Roep is luid en hard 'krrah', meestal herhaald.
Voedsel Alleseters met een voorkeur voor kleine dieren, van insecten tot muizen. Ook aas, afval, plantenzaden en vruchten.
Voorkomen Jaarvogel in Noord- en Zuidoost-Europa. In open gebieden, maar vaak ook in dorpen. Zeldzaam in Nederland.

→ TYPISCH Zwarte kraaien en bonte kraaien werden tot voor kort beschouwd als behorend tot één soort ('zwarte kraai'). De bonte kraai vervangt de zwarte kraai in Noord-, Oost- en Zuidoost-Europa. In Duitsland overlappen de verspreidingsgebieden elkaar in een smal gebied dat ruwweg langs de Elbe loopt. Er zijn gemengde broedparen van zwarte en bonte kraaien, het verenkleed van de nakomelingen neemt een middenpositie in met een iets minder grijs verenkleed.

Staart wigvormig in de vlucht →

Raaf

Corvus corax

Lengte 54–67 cm
Geluid Roept meestal laag en gorgelend 'grrog', maar ook veel andere geluiden.
Voedsel Kleine zoogdieren, reptielen, insecten en wormen, vaak aas en organisch afval, ook zaden van planten zoals eikels, beukennootjes en graan.
Voorkomen Broedt in bossen, struiken en kliffen, ook op hoogspanningsmasten. Foerageert meestal in open landschap. Jaarvogel.

→ TYPISCH Raven worden dan 20 jaar oud en blijven hun hele leven trouw aan hun territorium en hun partner. Ze worden als speels beschouwd en vooral in het voorjaar voeren ze acrobatische vliegmanoeuvres uit met dicht bij elkaar vliegen, achtervolgingen, duikvluchten en zelfs op hun rug vliegen. Jongere, nog niet broedende raven zwerven vaak in groepen rond.

SPECHTEN TOT DUIVEN
sneller determineren

In deze groep vind je duiven, spechten en dergelijke vogelsoorten waarvan de leefwijze is als die van zang-vogels.

Meestal zijn ze echter wat groter.

Hier worden ze onderverdeeld in verschillende subgroepen op basis van lichaamsvorm en verwantschap.

VANAF BLZ. 71

Spechten

Kleine tot middelgrote vogels die tegen boomstammen klimmen met sterke voeten en ondersteund door hun staart. Krachtige snavel om te roffe-len en nesten uit te hakken.

VANAF BLZ. 77

Andere

Diverse soorten die een opvallende vorm, kleur en leefwijze hebben en daarom bij ons uniek zijn.

VANAF BLZ. 82

Duiven

Middelgrote vogels met kleine kop, korte poten en korte sna-velsdie op de grond foerage-ren en veel vliegen.

Grote nestjongen kijken uit de broedholte →

Zwarte specht

Dryocopus martius

Lengte 45–57 cm
Geluid Roep is een herhaald 'kwi-kwi-kwi-...', ruw 'krruu-krruu-krruu' of klagend 'klieuh'. Roffelt 2-3 seconden lang luid met zijn snavel.
Voedsel Mieren (inclusief larven en poppen), kevers en andere insecten, maar ook spinnen en slakken.
Voorkomen Jaarvogel in naald-, gemengde en loofbossen, broedt daar in oude bomen. Buiten het broedseizoen soms in parken en tuinen.

→ TYPISCH De zwarte specht bouwt met zijn krachtige snavel zijn tot 50 cm diepe nesthol in dikke boomstammen. In latere jaren maken andere holenbroeders graag gebruik van deze nesten, vooral holenduiven en kauwen. De zwarte specht is ook nuttig voor de bosbouw omdat hij schadelijke insecten zoals de schorskever helpt bestrijden.

Mannetje met een rode vlek op de achterkop →

Grote bonte specht

Dendrocopos major

Lengte 23–26 cm
Geluid Roept scherp 'kick' of herhaald 'krrk-krrk-krrk...'. Roffelt sneller en korter dan zwarte specht.
Voedsel Diverse insecten, zaden van loof- en naaldbomen (kegels, noten en beukennootjes).
Voorkomen Jaarvogel in bossen, struikgewas, parken en tuinen, bezoekt in de winter ook voedertafels.

→ TYPISCH De krachtige snavel wordt op veel manieren gebruikt. Hij wordt niet alleen gebruikt om het nestgat uit te hakken, maar ook om insecten en hun larven uit het hout te beitelen. De nestholtes van andere vogels worden ook opengehamerd om bij de eieren en jonge vogels te komen. Kegels van naaldbomen worden in een takvork geklemd ('spechtensmidse') zodat ze beter bewerkt kunnen worden.

❶ Middelste bonte specht

Dendrocoptes medius

KENMERKEN 20–22 cm • Rode kop, zwarte nekband niet gesloten, gestreepte buik, ronde witte schoudervlek • Jaarvogel in loof- en gemengde bossen, vooral met eiken; ook in parken en tuinen • Roept hees kwakend 'gwèh', ook korter, soms herhaalde roepen, roffelt zelden.

❷ Kleine bonte specht

Dryobates minor

KENMERKEN 14–16 cm • Veel kleiner dan grote bonte specht, vleugels zwaar gestreept, middenrug witachtig, kop rood bij mannetjes, zwart bij vrouwtjes • Jaarvogel in lichte loofbossen, bosschages, lanen, parken en tuinen • Valkachtige roep ('ki-ki-ki-ki...'), roffelt twee snelle roffels achter elkaar.

Vrouwtje zonder → rode vlek op het voorhoofd

Grijskopspecht

Picus canus

Lengte 25–27 cm
Geluid Schijnbaar verdrietig, vallende en vertragende reeks oproepen (bijv. 'ku-ku-ku-kuh-kuuh'). Roffelt lang.
Voedsel Voornamelijk mieren en hun poppen, maar ook andere insecten, vruchten en plantenzaden.
Voorkomen Geeft de voorkeur aan loof- en gemengde bossen, maar leeft ook in parken, tuinen en lanen, bezoekt voedertafels. Dwaalgast in Nederland.

→ TYPISCH Zodra het weer in februari of maart milder wordt, is de melancholische roep van het mannetje in het broedgebied te horen. Hiermee wordt het territorium afgebakend en een vrouwtje aangetrokken. Beide partners bouwen samen de broedholte in maximaal drie weken, waarin 7-9 eieren worden uitgebroed. Na ruim drie weken voeren vliegen de jongen uit.

Mannetje met rode baardstreep →

Groene specht

Picus viridis

Lengte 45–51 cm
Geluid Lachende, hinnikende roep die niet in toonhoogte daalt ('kju-kju-kju-kju...'), roffelt zelden.
Voedsel Gespecialiseerd in mieren en hun poppen, daarnaast andere insecten, regenwormen en slakken, evenals bessen en vruchten.
Voorkomen Jaarvogel in open bossen, parken en grote tuinen.

→ TYPISCH De groene specht hakt zijn broedholte uit in rottend hout. Het grootste deel van het foerageren vindt plaats op de grond. Daar gebruikt de groene specht zijn snavel op verschillende manieren, vooral om mieren te pakken te krijgen: hij graaft gaten, haalt mos uit spleten tussen tegels of schuift sneeuw opzij. Met zijn lange tong kan hij bij de prooi die diep in spleten en scheuren is verborgen.

Keel en borst zwaar gestreept →

Draaihals

Jynx torquilla

Lengte 16–17 cm
Geluid Roept een reeks van 10-15 dunne, kekkerende tonen.
Voedsel Voornamelijk insecten, vooral mieren, maar ook kevers, bladluizen en kleine vlinders. Meer zelden ook spinnen.
Voorkomen Broedt in boomholten in kleinere bomen, parken en boomgaarden; ook aan de rand van bossen. Overwintert in West- en Centraal-Afrika.

→ TYPISCH Het schorsachtige patroon van zijn verenkleed camoufleert de draaihals perfect op de boomstam. Maar hij zoekt zijn voedsel vooral op de grond. Hij hakt mierennesten open met zijn snavel, duwt zijn plakkerige tong er diep in en jaagt daarbij vooral op larven en poppen. De soortnaam gaat terug op het draaien van de hals bij gevaar, waarmee hij de dreigende beweging van een slang zou nabootsen.

Gierzwaluw

Apus apus

Lengte 17–19 cm
Geluid Kenmerkende lange, hoge vluchtroepen ('srrrieh').
Voedsel Alleen kleine vliegende insecten, vooral bladluizen, vliesvleugeligen, kevers en vliegen.
Voorkomen Broedt in gebouwen in steden en dorpen, zelden ook in boomholten in bossen. Foerageert in het luchtruim boven alle leefgebieden. Overwintert in de zuidelijke helft van Afrika.

→ TYPISCH Behalve voor het uitbroeden van eieren, zijn gierzwaluwen altijd in de lucht, zelfs om te slapen en te paren. Luid schreeuwende groepen, die in snelle vlucht in de lucht te zien zijn, maken in de zomer deel uit van de flair van veel steden. De vlieghoogte is afhankelijk van die van de prooi en dus indirect van het weer: bij warm weer vrij hoog, bij kou en regen vrij dicht boven de daken of zelfs net boven het wateroppervlak.

De rode snavel valt op in de kop

Halsbandparkiet

Psittacula krameri

Lengte 37–43 cm
Geluid Luid krijsend 'krie-ack'.
Voedsel Meestal plantaardig: vruchten, zaden, knoppen en bloemen.
Voorkomen Jaarvogel in stedelijke regio's van Europa, vooral in parken, in met bomen omzoomde tuinen en op begraafplaatsen. Bezoekt voedertafels, vooral in de winter.

→ TYPISCH De uit Afrika afkomstige halsbandparkiet heeft zich als broedvogel in verschillende delen van Europa gevestigd. Ze werden ofwel opzettelijk losgelaten of konden uit kooien ontsnappen. De soort heeft zich voornamelijk gevestigd in regio's met milde winterse omstandigheden. Broedparen brengen hun nakomelingen groot in boomholtes. Buiten het broedseizoen zijn de vogels erg sociaal en verzamelen ze zich elke avond met honderden of duizenden op gemeenschappelijke slaapplaatsen.

Duikt in het water om vis te vangen →

IJsvogel

Alcedo atthis

Lengte 17–19 cm
Geluid Roept hoog en doordringend 'tiit'.
Voedsel Meestal kleine vissen, maar ook waterinsecten, kikkervisjes, kleine kikkers en schaaldieren.
Voorkomen Broedt in wateren met steile oevers, foerageert in verschillende stilstaande en stromende wateren. Deels jaarvogel, deels trekvogel die overwintert in het Middellandse Zeegebied.

→ TYPISCH De 'vliegende edelstenen' vangen hun prooi door van takken die boven het water hangen te duiken. Ze graven een gang in de grond van de steile oever om in te nestelen. In strenge winters met lang bevroren water sterven veel ijsvogels van de honger. De overlevende vogels kunnen dergelijke verliezen snel goedmaken door meerdere keren per jaar te broeden.

Bij het landen wordt de kuif uitgewaaierd →

Hop

Upupa epops

Lengte 25–29 cm
Geluid Roept hol en meestal drielettergrepig 'oh-oh-oh'.
Voedsel Gespecialiseerd in grote insecten, vooral krekels, maar ook kevers en rupsen, af en toe spinnen, wormen en hagedissen.
Voorkomen Broedt in open bossen, aan bosranden en in halfopen cultuurlandschappen, bij voorkeur in boomgaarden. Overwintert in Afrika.

→ TYPISCH De hop heeft een habitat met schaarse bodemvegetatie nodig om toegang te krijgen tot zijn hoofdvoedsel, krekels en loopkevers. Tegelijkertijd is hij aangewezen op geschikte nestgaten in bomen, rotsspleten, steenhopen of nissen in gebouwen. Waar deze ontbreken kan hij gebruikmaken van speciale kunstmatige nestbuizen.

In de vlucht doet hij denken aan een sperwer of valk →

Koekoek

Cuculus canorus

Lengte 32–36 cm
Geluid Mannetje roept onmiskenbaar 'koe-koek'. Vrouwtje heeft een hinnikende, trillende reeks roepen.
Voedsel Vooral rupsen (ook grote, harige), evenals vele andere insecten zoals kevers, sprinkhanen en libellen.
Voorkomen Zomergast in bijna alle habitats. Ontbreekt alleen in stadscentra en intensieve-akkerbouwgebied. Overwintert in Afrika bezuiden de Sahara.

→ TYPISCH Koekoeken zorgen niet voor hun eigen broedsel: de vrouwtjes leggen hun eieren in de nesten van veel kleinere zangvogels, één in elk. De uitgekomen jonge koekoek gooit de eieren of jongen van de adoptieouders uit het nest en wordt daarna alleen grootgebracht. Algemene waardvogels zijn witte kwikstaart, rietzanger en roodborst, maar het succesvol grootbrengen van een koekoeksjong is aangetoond bij ten minste 45 soorten.

Een van de vele kleurvariaties in de vlucht →

Stadsduif

Columba livia f. domestica

Lengte 29–35 cm
Geluid Laag, soms rauw koeren in verschillende variaties.
Voedsel Plantenzaden tot de grootte van eikels, inclusief knoppen en jonge scheuten. In steden organisch afval en gevoerd brood.
Voorkomen Leeft het hele jaar nabij de mens, van binnensteden tot boerderijen, broedt ook onder bruggen en dergelijke. Foerageert vaak in het agrarische landschap.

→ TYPISCH De uitstekende oriëntatieprestaties maakten de rotsduiven interessant voor de kweek. Wilde exemplaren leven nog in de bergachtige streken van Zuid-Europa. Alle postduiven van nu, maar ook de verwilderde stadsduiven, stammen daarvan af. Stadsduiven zijn nu een integraal onderdeel geworden van de meeste Europese steden. Ze nestelen vaak op richels en in holtes van gebouwen.

In de vlucht een witte band op de vleugel

Houtduif

Columba palumbus

Lengte 38–43 cm
Geluid Vijflettergrepige zang 'groe-GROEH-groe goe-goe', dof. Vaak een klapperend vleugelgeluid bij het opvliegen.
Voedsel Voornamelijk zaden, van graankorrels tot eikels, ook groene delen van planten en bessen.
Voorkomen Broedvogel die het hele jaar door aanwezig is in bossen, parken en tuinen, ook in vrijstaande bomen in binnensteden. Foerageert vaak in het agrarische landschap.

→ TYPISCH De houtduif is een van de succesvolste vogelsoorten in ons cultuurlandschap. Bijna overal vind je zijn nesten in bomen of gebouwen. Het hele jaar door vindt hij granen in verschillende habitats, bijvoorbeeld maïskorrels op geoogste velden. Vaak in zwermen tot enkele honderden vogels. Scandinavische broedvogels trekken zelfs in groepen van enkele duizenden duiven.

Asgrijze ondervleugel →

Zomertortel

Streptopelia turtur

Lengte 26–28 cm
Geluid Zang is een lang uitgesponnen, vaak herhaald 'gurrrrrrr'.
Voedsel Plantenzaden, meestal van akkerkruiden en naaldbomen, ook vruchten.
Voorkomen Broedt aan de randen van bossen en in bosschages, foeragerend in allerlei open gebieden. Zomergast die overwintert in Afrika bezuiden de Sahara.

→ TYPISCH De tortelduif is niet alleen de kleinste, maar ook de meest verborgen levende duivensoort van Europa. Op de broedplaats blijft hij verborgen in het gebladerte van bomen, waar hij met zijn karakteristieke roep de aandacht op zich vestigt. Zelfs als hij plantenzaden op de grond zoekt, kun je hem nauwelijks zien. Alleen de korte baltsvluchten vallen op, inclusief vleugelgeklap, zoals ook houtduif en Turkse tortel doen.

Staartpatroon zichtbaar tijdens de vlucht, ondervleugels witachtig →

Turkse tortel

Streptopelia decaocto

Lengte 31–34 cm
Geluid Zang krachtig en duidelijk drielettergrepig 'hoe-HOEOE-hoe'. Hees 'wèèè' bij het opvliegen en landen.
Voedsel Plantenzaden, bessen en vruchten. Kleiner afval zoals broodkruimels in de menselijke omgeving en vaak veevoer in de buurt van stallen.
Voorkomen Jaarvogel in steden, ook bij voedertafels. Minder algemeen dan andere duiven in het open landschap.

→ TYPISCH Turkse tortels, afkomstig uit het zuidoosten van Europa, hebben zich pas sinds de jaren vijftig snel over Midden- en Noord-Europa verspreid. Ze worden momenteel teruggedrongen door de houtduif, waarvan de populatie snel groeit. Het broedseizoen van de Turkse tortel loopt van februari tot september. Elk paar broedt twee tot vier keer (soms vaker), maar legt slechts twee eieren per broedsel.

UILEN EN ROOFVOGELS

sneller determineren

In deze groep komen we middelgrote tot grote vogels tegen, waarbij bruintinten de boventoon voeren.

Met sterke klauwen en snavels zijn ze goed toegerust om prooien te vangen.

Je kunt deze vogels zittend of tijdens de jacht in de vlucht zien.

VANAF BLZ. 87

Uilen

Meestal actief in de schemering en 's nachts; brede, ronde vleugels. Grote kop en grote, naar voren gerichte ogen. Bevederde poten, sterke klauwen.

VANAF BLZ. 92

Buizerdachtigen

Dagroofvogels met brede, ronde vleugels. Relatief kleine kop met haaksnavel, ogen aan de zijkanten.

VANAF BLZ. 97

Valken

Slanke roofvogels met spitse, smalle vleugels en een lange staart. Wendbare, elegante vlucht. Ronde kop met een vrij korte snavel.

Opvallend, hartvormig gezicht met donkere ogen →

Kerkuil

Tyto alba

Lengte 33–39 cm
Geluid 's Nachts een langgerekt gekrijs, ook veel sissende roepen.
Voedsel Uitsluitend kleine zoogdieren, waaronder veldmuizen, maar ook andere muizen, spitsmuizen en ratten.
Voorkomen Jaarvogel rond boerderijen, broedt op zolders, in schuren en kerktorens. Foerageert voornamelijk in het omliggende agrarische landschap.

→ TYPISCH Kerkuilpopulaties kunnen sterk variëren, afhankelijk van de beschikbaarheid van muizen. Als er veel muizen zijn, broeden ze tot drie keer per jaar met legsels van maximaal 13 eieren. Bij afwezigheid van muizen mislukt het broeden soms volledig. In sneeuwrijke winters sterven veel kerkuilen van de honger omdat hun prooi onder de sneeuw niet bereikbaar is. Helaas worden kerkuilen vaak slachtoffer van wegverkeer.

Natuurlijke nestholte → in een oude boom

Steenuil

Athene noctua

Lengte 23–27 cm
Geluid Het mannetje zingt krachtig 'oeoeoeh', meestal in een losse reeks. Roep scherp en licht dalend 'kwiau'.
Voedsel Kleine zoogdieren en vogels, reptielen, amfibieën, regenwormen, insecten.
Voorkomen Jaarvogel in een rijk gestructureerd, open landschap met veel graslanden en weilanden, bij voorkeur in boomgaarden.

→ TYPISCH Broedt in Midden-Europa vooral in holtes van knotwilgen en fruitbomen, bij gebrek daaraan, ook in nissen in gebouwen. Op veel plaatsen wordt de steenuil geholpen door het plaatsen van speciale nestkasten die beschermd zijn tegen marters. Steenuilen zijn dag- en nachtdieren. Ze gebruiken graag paaltjes als uitkijkpost bij het jagen. Het zoeken naar voedsel vindt ook huppelend op de grond plaats.

Takkelingen hebben de te klein geworden broedholte verlaten →

Bosuil

Strix aluco

Lengte 37–42 cm
Geluid Mannetjes 's nachts met lange, klagelijke roepen. Het vrouwtje roept kort en scherp 'koeitt'.
Voedsel Voornamelijk kleine zoogdieren, tot de grootte van ratten en eekhoorns. Ook vogels tot de grootte van kraaien en kikkers, minder vaak insecten en regenwormen.
Voorkomen Jaarvogel in oude loof- en gemengde bossen, parken en tuinen met oude bomen. Jaagt 's nachts ook in open terrein.

→ **TYPISCH** **Bosuilparen blijven jarenlang bij elkaar. Ze broeden in grote boomholten, soms in grote nestkasten. Vanaf de leeftijd van vier weken zitten de jonge vogels vrij in bomen of op de grond als 'takkelingen' en zijn pas na zeven weken in staat om te vliegen. Pas op een leeftijd van drie maanden maken de jonge vogels zich los van hun ouders en verlaten ze het territorium.**

Jonge vogel, deels nog in donskleed →

Oehoe

Bubo bubo

Lengte 59–73 cm
Geluid Roept zijn naam 's nachts met een holle stem ('OE-hoe', met klemtoon op de eerste lettergreep).
Voedsel Zeer veelzijdig. Zoogdieren tot de grootte van haas en reekalf, maar meestal muizen. Diverse vogelsoorten tot de grootte van blauwe reiger, amfibieën, vissen, grote insecten en regenwormen.
Voorkomen Jaarvogel in bossen en bergen, maar leeft ook in stadscentra.

→ TYPISCH De grootste Europese uil was bijna uitgestorven door intensieve vervolging in de twintigste eeuw, maar beschermende maatregelen hebben geleid tot herstel. Als rotsbroeders nestelen oehoes ook in steengroeven en op grote gebouwen (vaak op kerken), maar ook oude roofvogelnesten worden vaak gebruikt om hun jongen in groot te brengen.

Het grote gezicht valt ook in de vlucht op →

Ransuil

Asio otus

Lengte 31–37 cm
Geluid Het mannetje zingt een gedempt 'hoeh'. Jonge vogels met een doordringende, piepende bedelroep. Bij de balts klappen de vleugels onder het lichaam tegen elkaar.
Voedsel Voornamelijk veldmuizen, maar ook andere kleine zoogdieren, kleine vogels en kevers.
Voorkomen Leeft in bossen en bosschages van verschillende grootte, broedt ook in grote tuinen.

→ TYPISCH In de winter verzamelen ransuilen zich overdag op slaapplaatsen, meestal in naaldbomen en vaak in de buurt van menselijke bebouwing. Onder de slaapbomen zijn 'braakballen' met onverteerbare voedselbestanddelen, voornamelijk haar en botten van muizen, te vinden. Ransuilen bouwen niet hun eigen nest om in te broeden, maar gebruiken verlaten nesten van kraaien en roofvogels.

Kop relatief licht, ogen licht →

Zwarte wouw

Milvus migrans

Lengte 55–60 cm
Geluid Lange fluittonen die eindigen in een triller. Op het nest ook een duet van mannetje en vrouwtje.
Voedsel Vissen, vogels en zoogdieren, vaak in de vorm van aas. Kleine en gewonde dieren worden zelf gevangen. Ook organisch afval.
Voorkomen Leeft in gevarieerde landschappen en nabij water. Zomervogel, overwintert in Afrika. Zeldzaam in Nederland.

→ TYPISCH De zwarte wouw is de wijdst verbreide roofvogel. Naast Europa is hij ook te vinden in Afrika, Azië en Australië. Net als de verwante rode wouw voedt hij zich voornamelijk met aas, maar komt tijdens zijn foerageervluchten minder vaak dan deze in dorpen of aan de randen daarvan. Hij zoekt vaak langs bermen naar overreden dieren en in rivieren naar dode vissen die aan het wateroppervlak drijven.

Aan de bovenzijde is de staart fel roestbruin van kleur →

Rode wouw

Milvus milvus

Lengte 60–66 cm
Geluid Stijgende en dalende, hinnikende fluittonen ('wioeoe wioe-wioe-wioe').
Voedsel Voornamelijk aas. Hij vangt zelf zoogdieren tot hamstergrootte en vogels tot de grootte van een kip en verzamelt ook regenwormen en organisch afval.
Voorkomen Broedvogel in het bosrijke akkerlandschap, vaak in de buurt van water. Overwintert meestal in Zuid-Europa, sommige vogels blijven in Midden-Europa.

→ TYPISCH Rode wouwen vliegen meestal op boomtophoogte over het open land en zoeken akkers en weiden af naar voedsel. Ze patrouilleren ook langs wegen om overreden dieren op te pikken. Kleine groepen verzamelen zich in gunstige voedselgebieden zoals vers gemaaid grasland. In de wintermaanden komen rode wouwen samen op gemeenschappelijke slaapplaatsen.

Staart afgerond, breder aan de basis dan die van de sperwer →

Havik

Accipiter gentilis

Lengte 49–64 cm
Geluid Buizerdachtige roepen bij het nest. Als er gevaar dreigt, lange rijen korte geluiden ('gik-gik-gik...').
Voedsel Bij voorkeur kleine en middelgrote vogels, zoals duiven, gaaien en lijsters. Soms ook zoogdieren van muizen tot konijnen.
Voorkomen Jaarvogel in bossen en groenvoorzieningen in binnensteden. Jaagt het liefst langs de bosrand, maar ook in meer open terrein.

→ TYPISCH Haviken jagen in behendige achtervolgingsvlucht op vogels. De kleinere mannetjes foerageren voornamelijk op vogels ter grootte van een duif, de grotere vrouwtjes vangen vogels ter grootte van een kip. Hoewel de lijst van prooisoorten lang is, kunnen negatieve effecten op de populatieomvang van deze soorten niet wetenschappelijk worden aangetoond.

Mannetjes vanonder oranje, vanboven grijs, staart hoekig →

Sperwer

Accipiter nisus

Lengte 29–41 cm
Geluid Lange reeksen roepen, ook in duet ('gi-gi-gi-gi...'), sneller bij gevaar.
Voedsel Vrijwel uitsluitend kleine vogels zoals mussen, vinken, mezen en spreeuwen. Ook in mindere mate kleine zoogdieren en grote insecten.
Voorkomen Broedt in naald- en gemengde bossen of kleine bosschages. Jaagt graag in open terrein, vaak ook in stedelijke gebieden, inclusief tuinen.

TYPISCH Net als haviken vangen sperwers hun prooi - meestal zangvogels - tijdens een jachtvlucht. Ze vertrouwen vooral op verrassingsaanvallen bij struiken, heggen of rondom huizen. Alarmroepen van zangvogels (bijvoorbeeld merels) vestigen de aandacht op de nadering van een sperwer. In de winter kunnen sperwers ook jagen bij voedertafels in tuinen.

Staartrand rond, brede vleugels →

Buizerd

Buteo buteo

Lengte 46–58 cm
Geluid Roep is van ver te horen ('kièèh').
Voedsel Kleine zoogdieren, vooral muizen, maar ook hamsters, mollen, konijnen en jonge hazen. Daarnaast jonge vogels en kikkers, evenals aas.
Voorkomen Jaarvogel die broedt in bossen, bosschages en soms in vrijstaande bomen. Foerageert in open terrein, bij voorkeur vanaf een zitpost (ook direct langs wegen), bidt soms.

→ TYPISCH Bijna geen enkele andere vogelsoort is zo variabel in verenkleed als de buizerd. Er zijn veel verschillende varianten, van egaal zwartbruin tot bijna wit. De meest voorkomende roofvogelsoort in Europa is ook variabel in termen van foerageren: hij duikt omlaag na het cirkelen op grote hoogte, bidt, valt aan vanaf takken of paaltjes of jaagt te voet op de grond.

Biddende vlucht, vleugels smal en puntig

Torenvalk

Falco tinnunculus

Lengte 31–37 cm
Geluid Roept doordringend 'ki-ki-ki-ki-...'
Voedsel Voornamelijk muizen, maar ook kleine vogels, reptielen en insecten.
Voorkomen Jaarvogel in de meest uiteenlopende uitingen van ons cultuurlandschap, van open terrein tot binnensteden. Ontbreekt alleen in aaneengesloten bosgebieden.

TYPISCH Torenvalken zijn oorspronkelijk rotsbroeders, maar ze leggen nu een grote keuze aan broedplaatsen aan de dag. Ze broeden in spleten in gebouwen en vooral kerktorens zijn populair. In het open landschap gebruiken ze oude kraaiennesten in bomen of hoogspanningsmasten en nestkasten. Bijzonder is de biddende vlucht, waarbij de torenvalk met een uitgespreide staart en snelle vleugelslag in de lucht 'stilstaat' op zoek naar een prooi.

Vleugels breder en staart korter dan bij torenvalk en boomvalk →

Slechtvalk

Falco peregrinus

Lengte 38–51 cm
Geluid Herhaalde roepen ('grè-grè-grè-grè...') rauwer dan die van torenvalk.
Voedsel Vogels in de grootte van vinken tot kraaien. De prooien variëren sterk, afhankelijk van het leefgebied, maar vooral duiven, spreeuwen, steltlopers en meeuwen komen vaak voor.
Voorkomen Jaarvogel, broedt op rotswanden en hoge gebouwen evenals in bossen. Jaagt in open landschap en boven open water.

→ TYPISCH Na een scherpe daling door pesticiden en vangst voor de valkerij, is de populatie slechtvalken in Midden-Europa goed hersteld. De soort heeft inmiddels veel steden gekoloniseerd en broedt daar vaak op kerktorens of andere hoge gebouwen. Wanneer de slechtvalk met gevouwen vleugels naar zijn prooi duikt, is hij de snelste vogel ter wereld.

Slank en smalvleugelig tijdens de vlucht →

Boomvalk

Falco subbuteo

Lengte 29–35 cm
Geluid Roep vergelijkbaar met die van torenvalk, ook in een duet van beide partners.
Voedsel Vogels (vooral zwaluwen, gierzwaluwen, mussen) en grote vliegende insecten (vooral libellen en vlinders), soms vleermuizen.
Voorkomen Broedt in open landschappen en jaagt vaak in de buurt van water, maar ook boven dorpen. Overwintert in Afrika bezuiden de Sahara.

→ **TYPISCH Boomvalken zijn uitstekende, elegante vliegers, die in de vlucht behendige prooien als zwaluwen, gierzwaluwen en libellen vangen. Deze laatste worden zelfs in de vlucht gegeten. Voor het nestelen worden oude kraaiennesten in bomen of hoogspanningsmasten gebruikt. Na lange periodes van slecht weer kunnen broedverliezen optreden door voedseltekorten.**

HOENDERS EN LOOPVOGELS
sneller determineren

In deze groep worden vogels behandeld die op de grond leven en meestal lopend te zien zijn.

Er wordt onderscheid gemaakt tussen de kleinere hoenders en de grotere loopvogels.

Hoenders blijven vaak verborgen in de vegetatie, terwijl loopvogels op zoek naar prooi op weilanden, akkers en in ondiepe wateren lopen.

VANAF BLZ. 101

Hoenders

Vrij kortpotige vogels die zich lopend snel verplaatsen, maar onhandig en met luid klapperende vleugelgeluiden vliegen. Ze worden vaak opgemerkt door hun luide roep die van ver te horen is.

VANAF BLZ. 104

Loopvogels

Opvallend op de grond, maar ook indrukwekkend in de vlucht vanwege hun grootte. In vergelijking met roofvogels zijn de ver buiten de staart uitstekende poten en de lange nek (maar bij reigers meestal in S-vorm ingetrokken) van belang.

Vrouwtje bruin gecamoufleerd, heeft ook een lange staart

Fazant

Phasianus colchicus

Lengte 55–90 cm (daarvan 20–45 cm staart)
Geluid Het mannetje roept luid 'greu-guck', gevolgd door een luid klapperen van de vleugels.
Voedsel Plantenzaden en bessen, ook groene delen van planten, verder insecten, slakken en regenwormen.
Voorkomen Jaarvogel in het open agrarische landschap met hagen, bossen of riet.

→ TYPISCH De uit Azië afkomstige fazant wordt in Europa al meer dan 1000 jaar uitgezet voor de jacht. Ook nu zijn bijna alle Europese fazanten terug te voeren op herintroducties. Mannetjes hebben meestal een relatie met meerdere vrouwtjes, die elk tot 12 kuikens uitbroeden. De jongen kunnen op een leeftijd van 10 dagen al enkele meters vliegen, maar worden dan nog 10 weken verzorgd door het vrouwtje.

Mannetje met een zwartbruine vlek op de borst (kleiner bij vrouwtje) →

Patrijs

Perdix perdix

Lengte 28–32 cm
Geluid De territoriumroep van het mannetje is een rauw 'kirrrèck' (met klemtoon op de tweede lettergreep).
Voedsel Voor een groot deel zaden van kruiden, maar ook granen en groene delen van planten. In de zomer ook insecten.
Voorkomen Jaarvogel in akkerland, braakland en heide, vooral met struiken en hagen als dekking.

→ TYPISCH Door de intensivering van het agrarische landschap is de patrijs op veel plaatsen zeer zeldzaam geworden of al verdwenen. Er worden pogingen ondernomen om de soort te redden met verschillende beschermende maatregelen. Brede bloemstroken op akkerranden zijn zeer effectief gebleken. Ook is het belangrijk om houtwallen die beschutting bieden bij gevaar te onderhouden of opnieuw aan te planten.

Roepende kwartels zijn zelden zo vrij te zien

Kwartel

Coturnix coturnix

Lengte 16–18 cm
Geluid Het mannetje roept luid en ritmisch in drie lettergrepen 'pickwe-rick', het vrouwtje antwoordt zacht 'groe-groe'.
Voedsel Meestal zaden van kruiden en granen, vooral in de zomer ook insecten.
Voorkomen Bewoond open gebieden bedekt met een laag kruiden, bij voorkeur graanvelden en braakland. Overwintert in Afrika.

→ TYPISCH **Kwartels zijn de kleinste Europese hoenders en leven vrij verscholen op akkers, zodat ze zelden zijn te zien. Des te opvallender is de verreikende territoriumroep van het mannetje, die van mei tot juli in het open landschap te horen is en dient om het territorium af te bakenen. Af en toe is de roep 's nachts te horen, ook boven steden. Dan gaat het meestal om trekvogels.**

Tijdens de vlucht is de nek gestrekt, vleugels zwart-wit →

Ooievaar

Ciconia ciconia

Lengte 95–110 cm
Geluid Luid geklepper met de snavel bij begroeting van de partner, anders alleen zachte sissende roepen.
Voedsel Voornamelijk muizen en grote insecten zoals sprinkhanen, maar ook kikkers, regenwormen en aas.
Voorkomen Broedt bij dorpen en vrijstaande boerderijen, foerageert op akkers en weilanden. Overwintert deels in Spanje en Noordwest-Afrika, deels in Oost- en Zuid-Afrika.

→ TYPISCH Met zijn nest op daken of palen is de ooievaar kenmerkend voor veel dorpen. Daarbij hoort het geklepper van de snavel, dat wordt gebruikt voor de paarbinding, maar ook te horen is wanneer 'vreemde' ooievaars het nest naderen. Bij het zoeken naar voedsel volgen ooievaars graag de ploeg of maaimachine omdat de prooidieren dan goed te vinden zijn. Vaak verzamelen ze zich in dergelijke situaties in grote aantallen.

Hals ingetrokken tijdens de vlucht, →
poten steken ver naar achteren uit

Grote zilverreiger

Ardea alba

Lengte 80–104 cm
Geluid Roept diep en hees 'krrrk' als hij opvliegt.
Voedsel Op akkers en weilanden meestal muizen, maar ook amfibieën, reptielen en insecten. Langs water voornamelijk vissen, naast kikkers en insecten.
Voorkomen Jaarvogel in het open landschap en bij alle soorten water, zelfs langs sloten midden in dorpen.

→ **TYPISCH** **In de afgelopen decennia hebben grote zilverreigers zich snel over Europa verspreid. Met hun helderwitte verenkleed zijn ze tegenwoordig overal in het open landschap te zien en zijn de aantallen vaak groter dan die van de blauwe reiger. In het noorden van Europa zijn het overwegend gasten afkomstig uit West-Europa, maar als broedvogel zijn ze daar nog vrij zeldzaam.**

Vliegt met ingetrokken hals,
poten steken uit voorbij de staart →

Blauwe reiger

Ardea cinerea

Lengte 84–102 cm
Geluid Roept hees en langgerekt 'rrrrèck', op de broedplaats ook diepe, kakelende en gorgelende geluiden.
Voedsel Op land voornamelijk muizen, amfibieën en insecten, in het water voornamelijk vissen, maar ook amfibieën.
Voorkomen Koloniebroeder in bomen van kleinere bosschages of oeverbossen, minder vaak in het riet. Het hele jaar door op zoek naar voedsel op akkers, weilanden en water.

→ TYPISCH **Blauwe reigers broeden in kolonies, van waaruit ze naar voedselgebieden vliegen tot 40 km verderop. Ze zijn tijdens de vlucht altijd te herkennen aan hun S-vormige hals, zeer brede vleugels en poten die voorbij de staart uitsteken. Bij het jagen op kleine dieren en vissen bewegen ze heel langzaam, maar ze slaan bliksemsnel toe met hun dolkachtige snavel nadat ze een prooi hebben ontdekt.**

Vliegt met gestrekte nek,
lange poten →

Kraanvogel

Grus grus

Lengte 96–119 cm
Geluid Luid getrompetter tijdens de balts. In de vlucht een verdragend 'krrru', jonge vogels een fluitende bedelroep.
Voedsel Grotere plantenzaden, in velden maïs en graankorrels, ook aardappelen, insecten, regenwormen en muizen.
Voorkomen Tijdens het broedseizoen in wetlands en moerasbossen, anders in weilanden en geoogste graanvelden. Overwintert van Midden- tot Zuid-Europa, maar vooral in Noord- en Oost-Afrika.

→ TYPISCH In het broedseizoen laat de kraanvogel zich horen door zijn luide, trompetterende baltsroep. Onderweg en in de winter is het een opvallende trekvogel – bij het foerageren op akkers en weilanden en door enorme aantallen op slaapplaatsen. De soort, die met uitsterven werd bedreigd, heeft zich dankzij bescherming goed hersteld en is nu in veel gebieden algemeen.

WATER- EN WADVOGELS

sneller determineren

In deze groep vind je vogels die zich meestal langs of op het water ophouden.

Ze zwemmen vaak, maar foerageren ook op land en oever.

Deze vogels vormen vaak grotere groepen en zwermen.

VANAF BLZ. 110

Aalscholver

Grote, zwarte duikvogel met een krachtige snavel. Zit vaak op de oever om de gespreide vleugels te drogen.

VANAF BLZ. 111

Eenden

Vrij plompe watervogels met relatief korte poten, zwemvliezen en een brede snavel. Eenden hebben een korte nek en geslachten met verschillende kleuren, ganzen en zwanen hebben een lange hals en geslachten met dezelfde kleur.

VANAF BLZ. 116

Rallen

Duifgrote, relatief langpotige vogels die behendig door het riet kunnen klauteren. Omdat ze geen volledig zwemvliezen hebben, bewegen ze zich schokkerig voort in het water.

VANAF BLZ. 117

Steltlopers

Met lange poten en een lange snavel kunnen ze in ondiep water waden en diep in de modder peuren. Soorten met een kortere snavel pikken voedsel van het oppervlak. Vaak in grote zwermen.

VANAF BLZ. 120

Meeuwen

Meestal witte vogels met een korte snavel en tenen met zwemvliezen. Vaak in zwermen op zoek naar voedsel op weilanden en akkers, maar ook op allerlei soorten water.

Zomerkleed met een witte vlek op de dij →

Aalscholver

Phalacrocorax carbo

Lengte 77–94 cm
Geluid Luid, laag gekakel op broed- en slaapplaatsen.
Voedsel Vis, bij voorkeur 10-20 cm lang, maar soms veel langer.
Voorkomen Talrijk langs de kust en grotere binnenwateren, maar ook in parkwateren en zelfs op kanalen en rivieren binnen de bebouwde kom, meestal jaarvogel. Broedt in bomen langs water.

→ TYPISCH Aalscholvers jagen al duikend op vis, waarbij ze vaak in grote groepen scholen vissen voor zich uit drijven. Omdat ze hun verenkleed niet kunnen impregneren met stuitvet zoals andere watervogels, laten ze na het duiken in een typische houding hun gespreide vleugels opdrogen, bijvoorbeeld in bomen of op zandbanken. Ze vliegen 's avonds naar hun slaapplaatsen of tijdens de trek vaak in gansachtige formaties.

Vrouwtje bruin met oranje snavel →

Wilde eend

Anas platyrhynchos

Lengte 50-60 cm
Geluid Verschillende kwakende en fluitende geluiden.
Voedsel Zeer veelzijdig: bladeren, zaden en wortels van land- en waterplanten, insecten, kleine krabben, eieren en kikkervisjes van amfibieën, en brood.
Voorkomen Broed- en gastvogels in alle soorten water, ook in bijna alle parken. Bezoekt ook tuinvijvers.

→ TYPISCH De wilde eend is de oervorm van de tamme eend. Nakomelingen van gemengde broedparen zijn te zien in parken, herkenbaar aan hun afwijkend gekleurde verenkleed. Wilde eenden worden daar gevoerd, maar de hoeveelheid voedsel moet laag worden gehouden, omdat overtollig voedsel leidt tot overbemesting van het water en dat zal uiteindelijk de vogels schaden. De vrouwtjes broeden in nesten die goed verstopt zijn onder struiken, meestal op de grond, maar ook in knotwilgen.

1 Kuifeend

Aythya fuligula

KENMERKEN 40–47 cm • Mannetje zwart-wit, zwarte kuif; vrouwtjes bruin, slechts kleine kuif; Afgerond uiteinde van het lichaam • Broedt onopvallend langs verschillende wateren, in de winter in groepen of in grotere gezelschappen op meren, vijvers en rivieren • Duikt naar mosselen.

2 Mandarijneend

Aix galericulata

KENMERKEN 41–51 cm • Mannetjes overwegend oranje, met kuif en 'zeilen'; vrouwtje grijsbruin, met aangeduide kuif • Afkomstig uit Oost-Azië, op veel plaatsen in Europa ingeburgerd • Jaarvogel in met bomen omzoomde binnenwateren, vaak in parken • Broedt in boomholten.

Mannetje met grotere snavelknobbel →

Knobbelzwaan

Cygnus olor

Lengte 140–160 cm
Geluid Nasaal 'uink', sissend 'kchrr' wanneer ze tegenover vijanden staan, in de vlucht een fluitend vleugelgeruis.
Voedsel Alle waterplanten die met de lange hals te bereiken zijn, gras op het land en in de winter koolzaad- en wintergraanakkers.
Voorkomen Jaarrond bij bijna alle stilstaande en stromende wateren, vooral in de winter ook op akkers en weilanden.

→ TYPISCH Knobbelzwanen komen we vaak tegen in parkwateren, waar ze weinig schuw zijn en zich laten voeren. Ze zijn echter erg agressief bij hun grote nestheuvels, meestal gemaakt van rietstengels. Ze verdedigen hun broedplaats of later de nakomelingen niet alleen tegen soortgenoten die hun territorium binnendringen, maar ook tegen andere watervogels en gebruiken zelfs geweld tegen mensen.

Compacte vorm in de vlucht, nek uitgestrekt →

Grauwe gans

Anser anser

Lengte 74–84 cm
Geluid Roept drielettergrepig een wat rauw 'ang-ang-ang'.
Voedsel Groene delen en wortels van land- en waterplanten, vooral gras. Ook granen op geoogste velden.
Voorkomen Jaarvogel die broedt in de buurt van (maar niet altijd direct bij) alle soorten water, ook in parken. Foerageert vooral op akkers en weiden.

→ **TYPISCH Grauwe ganzen behoren tot de vroegste broedvogels in onze wateren. Paren met hun kuikens zijn al in april te zien. Vaak vormen meerdere paren samen met hun kroost grote groepen. Op sommige plekken zijn grauwe ganzen echte stadsvogels geworden – soms met vreemde broedplaatsen zoals dakterrassen en balkons. Na het uitkomen springen de kuikens gewoon naar beneden en hun ouders leiden ze naar het dichtstbijzijnde water.**

Slanker dan grauwe gans in de vlucht, lange zwarte hals →

Grote Canadese gans

Branta canadensis

Lengte 90–100 cm
Geluid Roept luid trompetterend 'a-honk'.
Voedsel Groene delen en wortels van land- en waterplanten, ook algen en plantenzaden.
Voorkomen Het hele jaar door aanwezig. Broedt bij stilstaande wateren van verschillende groottes, vaak ook in parken. Foerageert voornamelijk op akkers en weiden en in parken.

→ TYPISCH Driehonderd jaar geleden werden de eerste grote Canadese ganzen vanuit Noord-Amerika naar Engeland gebracht en burgerden daar in. In de twintigste eeuw werden ze onder meer in Zweden en Duitsland geïntroduceerd. De soort is nu stevig ingeburgerd en broedt vaak in dezelfde wateren als de grauwe gans. Mannetjes en vrouwtjes nemen in gelijke mate deel aan het grootbrengen van de meestal 5-6 kuikens.

❶ Waterhoen

Gallinula chloropus

KENMERKEN 27–31 cm • Donker lichaam met witte zijlijn en witte onderstaart, rode snavel, groene poten met lange tenen • Leeft het hele jaar aan de oevers van kleinere wateren, vaak op grasvelden in parken • Roept luid gorgelend 'gurrrk' • Zwemt met schokkerige bewegingen.

❷ Meerkoet

Fulica atra

KENMERKEN 36–42 cm • Verenkleed grijszwart, snavel en frontschild wit, gelobde, verbrede tenen • Het hele jaar door op allerlei wateren, 's winters in grote groepen • Roept luid 'tuuck' of 'truuck' • Duikt veel naar schelpdieren en waterplanten, maar zoekt ook op het land naar voedsel.

Opvallende zwart-witte vleugels

Scholekster

Haematopus ostralegus

Lengte 39–44 cm
Geluid Roept veel. Baltsroep 'kiwick-kiwick-kiwick' (eindigend in een triller), in de vlucht een langgerekt 'kiwiep'.
Voedsel Regenwormen en insecten, langs de kust schelpdieren, slakken, kleine krabben en zeepieren.
Voorkomen Kustvogel, die ook ver landinwaarts langs de rivieren voorkomt. Foerageert op het wad en op het strand, maar ook op akkers en weiden.

→ TYPISCH Met zijn luide roep is de scholekster een zeer opvallende vogel. In grote delen van zijn verspreidingsgebied zul je hem zelfs in steden en industriegebieden kunnen waarnemen. Als vervanging voor het strand gebruikt hij daar vaak platte daken als broedplaats. Deze hebben als voordeel dat ze in ieder geval voor op de grond levende eierrovers, zoals de vos, niet bereikbaar zijn.

Zeer brede vleugels, acrobatische baltsvluchten in het voorjaar →

Kievit

Vanellus vanellus

Lengte 28–31 cm
Geluid Explosief 'tjuuu-witt-witt' tijdens de balts. Andere roepen een hees 'kwiiieh' of een nasaal 'gwè-riih'.
Voedsel Voornamelijk insecten (sprinkhanen, kevers, diverse larven) en regenwormen, af en toe ook plantenzaden.
Voorkomen Leeft op weiden en akkers, maar meestal toch in de buurt van waterlichamen. Het grootste deel overwintert in West- en Zuidwest-Europa.

→ TYPISCH In Midden-Europa is de broedpopulatie van de kievit sterk afgenomen, omdat de intensivering van de landbouw en het veelvuldig roven van het legsel door vossen en andere roofzuchtige zoogdieren ervoor zorgen dat ze nauwelijks nog nakomelingen krijgen. De grote zwermen die tijdens de trek op geoogste akkers te zien zijn, komen meestal uit andere delen van Europa.

De koptekening van de jonge vogel is bruinachtig, contrastarm →

Kleine plevier

Charadrius dubius

Lengte 16–18 cm
Geluid Roept een dalend 'pioe', vaak herhaalde roepen, zoals 'ti-ti-ti-ti-ti' of hees 'griè-griè-griè' tijdens de balts.
Voedsel Insecten, spinnen, langs water ook kleine krabben, slakken en wormen.
Voorkomen Broedt op grindbanken en modderbanken in rivieren, in grindgroeven en bij andere kunstmatige waterlichamen. Overwintert in Afrika.

→ TYPISCH De vier eieren worden tussen kiezelstenen in een kleine holte gelegd en zijn buitengewoon goed gecamoufleerd. Kleine plevieren gebruiken soms met grind bedekte platte daken als vervanging voor grindvlaktes langs natuurlijke wateren en poelen in steengroeves. Van daaruit worden voedselvluchten tot afstanden van 5 km begonnen. Tussen de borstveren kan ook water worden getransporteerd.

❶ Stormmeeuw

Larus canus

KENMERKEN 40–56 cm • Middelgroot, poten en snavel groengeel, ogen donker • Broedt langs water en in steden op daken; foerageert op akkers en weiden • Roept iets nasaal 'kièè' • Eet een grote verscheidenheid aan kleine dieren, op land vooral regenwormen.

❷ Zilvermeeuw

Larus argentatus

KENMERKEN 54–60 cm • Grote meeuw, vleeskleurige poten, snavel geel met rode vlek, ogen gelig • Broedvogel langs wateren, in steden op daken • Diverse blaffende, miauwende, hinnikende en jankende roepen, vaak herhaald • Groot repertoire aan prooien, inclusief afval.

Herfst/winter kop wit met donkere oorvlek →

Kokmeeuw

Chroicocephalus ridibundus

Lengte 35–39 cm
Geluid Roept op grove, langgerekte manier 'krrri-èèèh', ook kort 'kek-kek'.
Voedsel Bij water vooral wormen, kleine krabben en kleine vissen, op land regenwormen en insecten, jaagt ook op vliegende insecten.
Voorkomen Broedvogel en wintergast langs veel binnenwateren en aan de kusten, vaak ook in parken.

→ TYPISCH Kokmeeuwen broeden in grote kolonies, meestal op eilanden. In parken zijn ze weinig schuw en willen ze graag gevoerd worden. Kokmeeuwen laten ook andere kansen op goed voedsel niet graag onbenut. Ze volgen op akkers de ploeg om wormen en andere bodemdieren te verzamelen. Aan de kust vliegen ze achter vissersboten en vangen ze de bijvangst die overboord gaat.

Register

Fotoverantwoording

Alle foto's van **Mathias Schäf** (189), behalve: **Frank Hecker** (12): 19 beide, 29 groot, 32 groot, 36l, 41 klein, 87 klein, 90 klein, 99 groot, 103 groot, 117 groot, 120r; **Arto Juvonen** (1): 74 groot; **Leander Khil** (1): 10 klein; **Tomi Muukkonen** (6): 38l, 47 groot, 73r, 89 beide, 91 groot; **Jari Peltomäki** (3): 46r, 56r, 61 groot; **Torsten Pröhl/fokus-natur.de** (1): 95 groot; **Rosl Rößner** (1): 98 groot; **Markus Varesvuo** (3): 46l, 62 groot, 94 groot; **Peter Zeininger** (1): 90 groot.

Illustraties: **shutterstock** (2): voorflap binnen links- en rechtsboven; **Stefanie Wawer** (10): voorflap binnen rechtsonder, 2/3, 4/5; **Paschalis Dougalis/Kosmos** (23): 6/7, 70, 86, 100, 108/109, 128; **Walter Söllner** (7); Binnenflap rechtsachter (eieren) en **Wolfgang Lang** (10): flap linksachter (vogelsilhouetten).

KOSMOS
www.kosmosuitgevers.nl

kosmos.uitgevers
kosmosuitgevers

Oorspronkelijke uitgave:
BASIC Gartenvögel

Projectmanagement: Claudia Salata
Redactie en zetwerk: Barbara Kiesewetter, Redaktionsbüro
Productie: Markus Schärtlein
Vormgeving: GRAMISCI Editorial Design (Claudia Geffert)
Foto's en illustratie: zie verantwoording blz. 124

Nederlandstalige uitgave:

Vertaling en opmaak: Ger Meesters
Omslagontwerp: Scribent Multimedia
Redactie: Sander Macquoy

Kosmos Uitgevers vindt het belangrijk om op milieuvriendelijke en verantwoorde wijze met natuurlijke bronnen om te gaan. Bij de productie van het papieren boek van deze titel is daarom gebruikgemaakt van papier waarvan het zeker is dat de productie niet tot bosvernietiging heeft geleid.

ISBN 978 90 215 9488 0
ISBN e-book 978 90 215 9490 3
NUR 435

Tweede druk, november 2022

Meer weten over vogels?

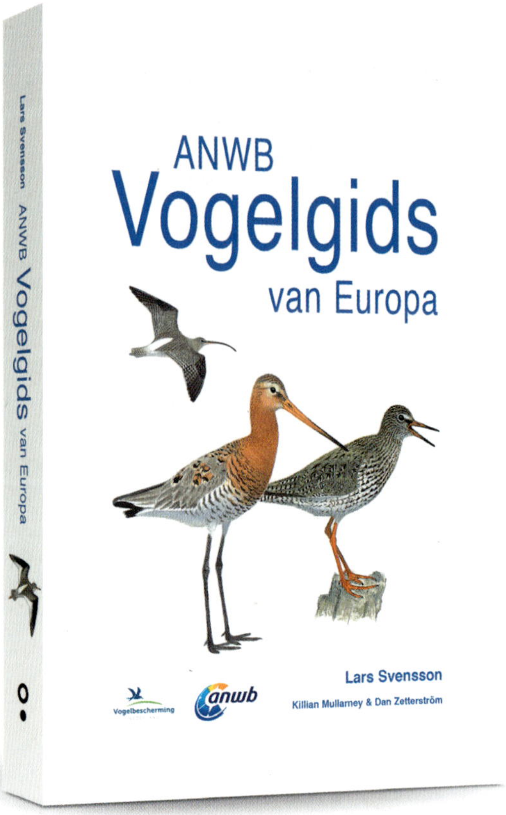

448 pagina's 149 x 206 mm

In de *ANWB Vogelgids van Europa* staan alle ruim 770 vogelsoorten die je op ons continent kunt tegenkomen. Kenmerkend is dat van elke soort alle gegevens over habitat, verspreidingsgebied, geluid en voorkomen overzichtelijk op één tekstpagina staan, tegenover de afbeeldingen. Met een praktische opzet en meer dan 4000 gedetailleerde tekeningen in kleur is deze vogelgids de topper voor elke vogelliefhebber.

De andere ANWB Basis natuurgidsen

De onderdelen van een vogel: